Dr. Christian Zentner

Stalingrad

Wie es wirklich war

MOEWIG

Einleitung

Als sich England nach der Niederlage Polens, der Besetzung Dänemarks und Norwegens sowie dem Sieg über Frankreich nicht bereit zeigte, auf ein „großzügiges Friedensangebot“ Hitlers einzugehen, entschied sich dieser zur Flucht nach vorn. Ein weiterer Blitzkrieg, diesmal gegen die Sowjetunion, sollte die endgültige militärische Entscheidung bringen.
„Englands Hoffnung ist Rußland und Amerika“, erklärte er am 31. Juli 1940 seinen auf dem Berghof versammelten Generalen. „Wenn Hoffnung auf Rußland wegfällt, fällt auch Amerika weg ..., ist aber Rußland zerschlagen, dann ist Englands letzte Hoffnung getilgt. Der Herr Europas und des Balkans ist dann Deutschland.“
In dieser Absicht, Russland zu zerschlagen, wurde Hitler durch den Besuch des russischen Außenministers Molotow am 12. und 13. November in Berlin noch bestärkt. Für seine Vorschläge, die Welt in großem Maße aufzuteilen – Deutschland sollte Mittelafrika, Italien Nord- und Nordostafrika, Japan Südostasien und Sowjetrussland die südlich angrenzenden Gebiete „in Richtung Indischer Ozean“ bekommen –, zeigte Molotow kein Interesse. Stattdessen kam er immer wieder auf seine Interessen in Europa, am Baltikum und Bosporus zu sprechen.
Am 18. Dezember 1940 – Hitler hatte sich endgültig entschieden – erging die „Führerweisung Nr. 21“ für das „Unternehmen Barbarossa“:
„Die deutsche Wehrmacht muß darauf vorbereitet sein, auch vor Beendigung des Krieges gegen England Sowjetrußland in einem schnellen Feldzug niederzuwerfen. Vorbereitungen sind bis zum 15. 5. 1941 abzuschließen.“ Im Mai 1941 also sollte das „Unternehmen Barbarossa“, der Angriff auf die Sowjetunion, beginnen. Aber ein unvorhergesehenes Ereignis kam dazwischen. Am 28. Oktober 1940 griffen italienische Truppen vom 1939 annektierten Albanien aus Griechenland an. „Wir sind überall auf dem siegreichen Vormarsch, Führer!“, beruhigte Mussolini Hitler, den er in seine Pläne nicht eingeweiht hatte. Doch dieser siegreiche Vormarsch wurde von den Griechen schnell gestoppt, die ihrerseits zur Offensive übergingen. Statt des schnellen italienischen Sieges setzten sich jetzt die Engländer auf der griechischen Mittelmeerinsel Kreta fest und richteten in Griechenland selbst militärische Stützpunkte ein. Nun waren die für Deutschland lebenswichtigen rumänischen Erdölgebiete in die Reichweite feindlicher

Linke Seite: Am 22. Juni 1941, auf den Tag genau 129 Jahre nach dem Einmarsch der Grande Armée Napoleons in Russland, fiel die Wehrmacht mit rund 75 % ihres Feldheeres (über 3 Millionen Mann) ohne vorherige Kriegserklärung in die Sowjetunion ein.

Bild rechts: Während Hitler an einen schnellen Sieg glaubte, sahen die Sowjets die Situation bald realistischer. Der Vormarsch, den Hitler seinen Soldaten befohlen hatte, wird in den Schneewüsten Russlands enden, und aus dem Hakenkreuz wird ein Grabkreuz werden, prophezeit die sowjetische Karikatur.

Flugzeuge gelangt. Noch bevor er gegen Russland losschlagen konnte, sah Hitler sich jetzt gezwungen, auf dem Balkan „Ordnung zu schaffen". Zwar wurden Jugoslawien und Griechenland rasch besiegt, doch musste durch diesen Balkanfeldzug der Angriff auf Russland um fünf Wochen verschoben werden.
Im Morgengrauen des 22. Juni 1941 überschritten deutsche Truppen die deutsch-sowjetische Grenze. Zwei Großmächte waren zum Kampf auf Leben und Tod angetreten, die blutige Front reichte quer durch Europa, vom Nordkap bis zum Schwarzen Meer, bald auch bis zum Kaukasus. So wie bisher in jedem Feldzug seit dem 1. September 1939 stürmte auch jetzt die deutsche Wehrmacht wieder sieggewohnt voran. Es schien fast, als hätte Hitler recht gehabt, als er bei der Besprechung im Führerhauptquartier am 14. Juni zu den Militärs gesagt hatte: „Was ich von Ihnen verlange, ist nur eins: die Tür mit einem kräftigen Stoß einzutreten. Das Haus fällt dann von ganz allein zusammen!"
Als Stalin am 3. Juli 1941 erstmals nach dem deutschen Überfall zum russischen Volk sprach, waren schon mehr als eine Million Rotarmisten in deutscher Gefangenschaft, waren Tausende von sowjetischen Flugzeugen und Panzern abgeschossen, standen die deutschen Truppen schon tief in Stalins Land. Unaufhaltsam schien die Flucht der Roten Armee zu sein, die nur dort gestoppt wurde, wo deutsche Panzer noch schneller als die flüchtenden Feindarmeen waren und sie einkreisten. Stalin befahl den „totalen Krieg". Jedes sowjetische Dorf sollte in Brand gesteckt werden, bevor die Deutschen kamen. Kolchosen und Staatsgüter wurden angezündet. Elektrizitätswerke wurden gesprengt, Versorgungsbetriebe in die Luft gejagt, Lebensmittellager unbrauchbar gemacht, Eisenbahnschienen herausgerissen. Es half nichts, der Siegeszug der deutschen Soldaten schien durch niemanden aufzuhalten zu sein.
Am 9. Oktober 1941 sprach Hitler in Berlin zur Eröffnung des Winterhilfswerkes und erklärte dabei, dass der Feind vernichtend geschlagen worden sei und sich nie mehr erheben werde. Wieder einmal schien es, als stünde der Frieden dicht bevor. Aber nun machte sich die Verzögerung bemerkbar, die durch Mussolinis griechisches Abenteuer eingetreten war. Jetzt fehlten genau die fünf Wochen, die die Wehrmacht wegen des „dazwischengekommenen" Balkan-Feldzuges später zum Kampf gegen das Riesenland angetreten war. Die deutsche Offensive vor Moskau war im Herbstschlamm steckengeblieben. Panzer, Geschütze, Lastkraftwagen, Verpflegungskolonnen versanken im unermesslichen Dreck des weiten russischen Landes.
Aber es ging noch einmal weiter. Nach einigen Tagen setzte vor Moskau Kälte ein. Der grundlose Morast gefror und wurde wieder fest. Die deutschen Panzer und Fahrzeuge rollten wieder, doch diesmal nicht lange. Den Sowjets kam der General zu Hilfe, der vor fast genau 130 Jahren den unbesiegbar erscheinenden Kaiser Napoleon zum Rückzug gezwungen hatte: der „General Winter". Die zunächst als Rettung gegen Schlamm und Morast begrüßte Kälte wurde immer grimmiger. Die Schlösser der Gewehre, Maschinengewehre und Maschinenpistolen verklemmten sich. Die Verschlüsse der Geschütze ließen sich nicht mehr bewegen. Das Öl in den Panzermotoren wurde fest, die Motoren sprangen nicht mehr an. Die Funkverbindungen der kämpfenden Truppe zu den Kommandostellen brachen ab, die Verstärker waren eingefroren, die Akkumulatoren barsten in der Kälte. Am 5. Dezember kam die große Wende in der Entscheidungsschlacht um Moskau. Das Thermometer zeigte 37 Grad Kälte an. Ein Schneesturm tobte, der alle blind machte, jede Wegmarkierung

Ob im Norden, in der Mitte oder im Süden, jeder deutsche Soldat hat auf die eine oder andere Art die Widrigkeiten russischer Verkehrswege kennengelernt, die naturgemäß dem Angreifer mehr zu schaffen machten als dem Verteidiger.

Bild rechts: Deutscher Lastkraftwagen auf verschlammter Straße.
Bild oben: Man musste schon ein bewährter Geländefahrer sein, um seine Beiwagenmaschine in dieser Sandwüste geradezuhalten und vorwärtszusteuern.

auslöschte. Generalfeldmarschall von Bock, der Oberbefehlshaber der Heeresgruppe Mitte, die in einem dreihundert Kilometer langen Halbkreis um Moskau lag, musste dem Führerhauptquartier melden, dass ein weiterer Vormarsch unmöglich wäre. Der Oberbefehlshaber des Heeres, Generalfeldmarschall W. von Brauchitsch, erklärte dem Generalstabschef Halder, er wolle zurücktreten. Am Tag darauf griffen erstmals die Sowjets an. In der Morgenfrühe des 6. Dezember stürmten Elitedivisionen auf die vordersten deutschen Stellungen los. Elitedivisionen – nicht die bisher vor Moskau zur Verteidigung eingesetzten Arbeiterbataillone aus Männern, Frauen und Kindern! Es waren in der Mehrzahl sibirische Divisionen, die Stalin aus dem Fernen Osten herangeholt hatte. Denn wie Hitler sich 1939 bei seinem Pakt mit Stalin nicht um den Antikominternpakt mit Japan gekümmert hatte, so hatten jetzt die Japaner mit Stalin einen Nichtangriffspakt geschlossen. So hatte Stalin den Rücken frei und konnte seine wenigen noch vorhandenen Eliteeinheiten bedenkenlos in die Schlacht um Moskau werfen. Die Sibiriaken waren hervorragend ausgerüstet, sie waren frisch und ausgeruht, sie waren vor allem erfahren in Kälte, Schnee und Eis. Die am weitesten vorgedrungenen deutschen Truppen mussten weichen.

Hitler in seinem Führerhauptquartier war entsetzt. Die Front musste fest bleiben! Wenn die Soldaten einmal ins Laufen kamen, dann gab es kein Halten mehr. Generalfeldmarschall von Bock war bereits durch Generalfeldmarschall von Kluge abgelöst worden, weil Hitler Kluge mehr Standfestigkeit zutraute.

Aber auch Kluge war angesichts der Gesamtlage für einen Rückzug. Hitler beschwor den Marschall, keinen Rückzug zuzulassen, und verwarf jedes andere Argument. Die Kälte? Weiter hinten herrscht die gleiche Kälte, dagegen hilft kein Rückzug. Wie weit soll der Rückzug gehen? Es gab keine Auffangstellungen, in die die Soldaten sich weiter rückwärts hätten retten können. In dem metertief gefrorenen Boden konnten auch keine solchen Stellungen angelegt werden. Überlegener Feind? Na bitte: Dann musste man erst recht Front gegen ihn machen; denn wenn man flüchtete und dem Feind den Rücken zukehrte, dann würde er noch überlegener. Die Überlegenheit des Gegners konnte man nur dadurch verringern, dass man sich ihm entgegenstellte und versuchte, ihm soviel Verluste wie möglich beizubringen. Auf der Flucht konnte man das nicht.

Hitler setzte sich schließlich durch. Brauchitsch hatte inzwischen schon zweimal seinen Rücktritt als Oberbefehlshaber des Heeres angeboten. Am 19. Dezember stimmte Hitler endlich zu. Der letzte Oberbefehlshaber des deutschen Heeres ging. Der letzte, denn Hitler setzte keinen Nachfolger ein, sondern übernahm die Führung des Heeres unmittelbar selbst.

Es gelang nach einigen geplanten und von Hitler bewilligten großräumigen Frontverkürzungen, die Stellung vor Moskau den Winter über zu halten. Bis zum Frühjahr 1942 gab es keinen deutschen Vormarsch mehr, aber auch keinen so katastrophalen Rückzug, wie ihn die Grande Armée

Napoleons hinnehmen musste. Erstmals in diesem Kriege aber, der die deutschen Soldaten bisher stets als Sieger gesehen hatte, wurden bei Demjansk und Cholm deutsche Truppen eingekesselt. Sie hielten sich monatelang und wurden im Frühjahr schließlich durch die wieder vorstürmenden eigenen Truppen befreit. Inzwischen war der Krieg zum Weltkrieg geworden. Die USA waren nun auch offiziell im Krieg mit Deutschland, nachdem sie schon lange Monate einen Wirtschafts- und Seekrieg gegen Deutschland geführt hatten, ohne ihn je offen zu erklären.

Am 7. Dezember hatte Japan mit Flugzeugen den amerikanischen Flottenstützpunkt Pearl Harbor auf den Hawaii-Inseln angegriffen, und Hitler hatte darauf am 11. Dezember seinerseits den USA den Krieg erklärt.

Hitlers Siegeszuversicht blieb dennoch ungebrochen. Er glaubte, die sowjetischen Armeen seien ausgeblutet und würden im Sommer 1942 endgültig vernichtet, was 1941 nach seiner Meinung nur durch die ungünstigen Witterungsverhältnisse

Linke Seite: Lagekarte des Ostfeldzuges 1941/1942. Bild oben: Als Hitler sich endlich entschloss, die „Operation Taifun“ in Gang zu setzen, den Angriff der Heeresgruppe Mitte auf Moskau, war die Jahreszeit schon weit fortgeschritten. Zwar waren für den Angriff 70 Divisionen bereitgestellt, doch behinderte die bereits am 8. Oktober einsetzende Schlammperiode den deutschen Vorstoß entscheidend. Und dann trat auf sowjetischer Seite auch noch frühzeitig der gefürchtete „General Winter“ an, der schon Napoleons große Armee dezimiert hatte.

verhindert worden war. Am 5. April 1942 unterzeichnete er die Weisung Nr. 41, mit der der Weg nach Stalingrad begann, der Stadt an der Wolga, in der mit dem Untergang der 6. Armee die sichtbare Wende des Zweiten Weltkriegs gekommen war, der mit der bedingungslosen Kapitulation der Deutschen Wehrmacht am 7. /8. Mai 1945 in Europa sein Ende nahm.

Weisung Nr. 41

Am 5. April 1942 erließ Hitler die Weisung Nr. 41, deren wesentlicher Inhalt im Folgenden wiedergegeben wird.

Die Winterschlacht in Rußland geht ihrem Ende zu. Durch die überragende Tapferkeit und den opferfreudigen Einsatz der Soldaten der Ostfront ist ein Abwehrerfolg von größtem Ausmaß für die deutschen Waffen errungen.
Der Feind hat schwerste Verluste an Menschen und Material erlitten. In dem Bestreben, scheinbare Anfangserfolge auszunutzen, hat er auch die Masse seiner für spätere Operationen bestimmten Reserven in diesem Winter weitgehend verbraucht.
Sobald Wetter- und Geländeverhältnisse die Voraussetzungen dazu bieten, muß nunmehr die Überlegenheit der deutschen Führung und Truppe das Gesetz des Handelns wieder an sich reißen, um dem Feinde ihren Willen aufzuzwingen.
Das Ziel ist, die den Sowjets noch verbliebene lebendige Wehrkraft endgültig zu vernichten und ihnen die wichtigsten kriegswirtschaftlichen Kraftquellen so weit als möglich zu entziehen.
Hierzu werden alle verfügbaren Kräfte der deutschen Wehrmacht und die der Verbündeten herangezogen. Dabei muß aber gewährleistet sein, daß die besetzten Gebiete im Westen und Norden Europas, insbesondere die Küsten, unter allen Umständen gesichert bleiben.

I. Allgemeine Absicht:
Unter Festhalten an den ursprünglichen Grundzügen des Ostfeldzuges kommt es darauf an, bei Verhalten der Heeresmitte, im Norden Leningrad zu Fall zu bringen und die Landverbindung mit den Finnen herzustellen, auf dem Südflügel der Heeresfront aber den Durchbruch in den Kaukasus-Raum zu erzwingen.
Dieses Ziel ist in Anbetracht der Abschlußlage nach der Winterschlacht, der verfügbaren Kräfte und Mittel und der Transportverhältnisse nur abschnittsweise zu erreichen.
Daher sind zunächst alle greifbaren Kräfte zu der Hauptoperation im Süd-Abschnitt zu vereinigen mit dem Ziel, den Feind vorwärts des Don zu vernichten, um sodann die Ölgebiete im kaukasischen Raum und den Übergang über den Kaukasus selbst zu gewinnen.
Die endgültige Abschnürung von Leningrad und die Wegnahme des Ingermanlandes [ein Gebietsteil Rußlands südlich des Finnischen Meerbusens und des Ladoga-Sees an beiden Seiten der Newa] bleibt vorbehalten, sobald die Entwicklung der Lage im Einschließungsraum oder das Freiwerden sonstiger ausreichender Kräfte es ermöglichen.

II. Die Führung der Operationen:
A) Erste Aufgabe des Heeres und der Luftwaffe nach Abschluß der Schlammzeit ist es, die Vorbedingungen für die Durchführung der Hauptoperation zu schaffen.
Das erfordert die Bereinigung und Festigung der Lage an der gesamten Ostfront und in den rückwärtigen Heeresgebieten mit dem Ziel, dadurch möglichst viele Kräfte für die Hauptoperation zu gewinnen, an den übrigen Fronten aber mit geringstem Einsatz dennoch jedem Angriff gewachsen zu sein.
Wo zu diesem Zweck Angriffsoperationen mit begrenztem Ziel nach meinen Anordnungen geführt werden müssen, ist aber auch hierzu jeweils ein überwältigender Einsatz sämtlicher verfügbaren Angriffsmittel des Heeres und der Luftwaffe sicherzustellen, um schnelle und durchschlagende Erfolge zu erreichen. Nur dadurch wird vor allem auch schon vor dem Beginn der großen Frühjahrsoperationen in der eigenen Truppe die unbedingte Siegeszuversicht wieder gestärkt, dem Feind aber seine hoffnungslose Unterlegenheit eingehämmert werden.

B) Die nächsten Aufgaben in diesem Rahmen sind es, auf der Krim die Halbinsel Kertsch zu säubern und Sewastopol zu Fall zu bringen. Die Luftwaffe und demnächst auch die Kriegsmarine haben den Auftrag, zur Vorbereitung dieser Unternehmungen den feindlichen Nachschubverkehr im Schwarzen Meer und in der Straße von Kertsch nachdrücklichst zu unterbinden.
Im Südraum ist der beiderseits Isjum eingebrochene Feind abzuschneiden und zu vernichten.

Der Verteidiger von Moskau, Armeegeneral Georgi K. Schukow.

Die in der Mitte und im Nordabschnitt der Ostfront noch erforderlichen Frontbereinigungen können erst nach Abschluß der laufenden Kampfhandlungen und der Schlammperiode endgültig übersehen und entschieden werden. Hierzu müssen aber die notwendigen Kräfte – sobald die Lage dies zuläßt – durch Strecken der Front geschaffen werden.

C) Die Hauptoperation an der Ostfront:

Ihr Ziel ist es – wie schon betont –, zur Einnahme der Kaukasus-Front die russischen Kräfte, die sich im Raume von Woronesch nach Süden, westlich bzw. nördlich des Don befinden, entscheidend zu schlagen und zu vernichten. Aus Gründen des Eintreffens der hierzu verfügbaren Verbände kann diese Operation nur in einer Reihe von nacheinanderfolgenden, aber untereinander im Zusammenhang stehenden bzw. sich ergänzenden Angriffen durchgeführt werden. Sie sind daher von Norden nach Süden zeitlich so aufeinander abzustimmen, daß außerdem in jedem einzelnen dieser Angriffe ein Höchstmaß der Konzentration sowohl von Heeres- als auch besonders von Luftstreitkräften an den entscheidenden Stellen sichergestellt werden kann.
Bei der nunmehr zur Genüge erwiesenen Unempfindlichkeit des Russen gegenüber operativen Einschließungen ist entscheidender Wert – ähnlich wie in der Doppelschlacht von Wjasma-Brjansk – darauf zu legen, die einzelnen Durchbrüche in die Gestalt enger Umklammerungen zu bringen.
Es muß vermieden werden, daß durch zu spätes Einschwenken der Umklammerungsverbände dem Gegner die Möglichkeit offenbleibt, sich der Vernichtung zu entziehen.
Es darf nicht vorkommen, daß durch ein zu schnelles und weites Ausgreifen der Panzer- bzw. motorisierten Verbände die Verbindung zu der nachfolgenden Infanterie abreißt oder die Panzer- und Mot-Verbände selbst die Möglichkeit verlieren, den schwer vorwärtskämpfenden infanteristischen Kräften des Heeres durch ihr unmittelbares Einwirken in den Rücken der umklammerten russischen Armeen zu Hilfe zu kommen.
Es ist also, abgesehen von dem großen operativen Ziel, in jedem einzelnen Fall die Vernichtung des angegriffenen Gegners schon durch die Art des Ansatzes und der Führung der eigenen Verbände unter allen Umständen sicherzustellen. Die Einleitung der Gesamtoperation hat mit einem umfassenden Angriff

bzw. Durchbruch aus dem Raum südlich Orel in Richtung auf Woronesch zu beginnen. Von den beiden zur Umklammerung angesetzten Panzer- und Mot-Verbänden hat der nördliche stärker zu sein als der südliche.
Das Ziel dieses Durchbruchs ist die Besetzung von Woronesch selbst. Während es nun die Aufgabe eines Teiles der Infanterie-Divisionen ist, zwischen dem Ausgangspunkt des Angriffs von Orel in Richtung auf Woronesch sofort eine starke Verteidigungsfront aufzubauen, haben die Panzer- und Mot-Verbände den Auftrag, von Woronesch aus mit ihrer linken Flanke, angelehnt an den Don, nach Süden den Angriff fortzusetzen zur Unterstützung eines zweiten Durchbruchs, der etwa aus dem allgemeinen Raum von Charkow nach Osten hin geführt werden soll.
Auch hier ist es primär das Ziel, nicht die russische Front als solche einzudrücken, sondern im Zusammenwirken mit den den Don abwärts vorstoßenden Mot-Verbänden die russischen Kräfte zu vernichten. Der dritte Angriff dieser Operationen ist so zu führen, daß die den Don abwärts stoßenden Verbände sich im Raum um Stalingrad mit den Kräften vereinigen, die aus dem Raum Taganrog – Artelnowsk zwischen dem Unterlauf des Don und Woroschilowgrad über den Donez nach Osten vorstoßen. Diese sollen abschließend die Verbindung mit der gegen Stalingrad vorrückenden Panzer-Armee finden.
Sollten sich im Zuge dieser Operationen, besonders durch die Inbesitznahme unversehrter Brücken, die Aussichten bieten, Brückenköpfe ostwärts bzw. südlich des Don zu bilden, so sind solche Möglichkeiten wahrzunehmen. Auf jeden Fall muß versucht werden, Stalingrad selbst zu erreichen oder es zumindest so unter die Wirkung unserer schweren Waffen zu bringen, daß es als weiteres Rüstungs- und Verkehrszentrum ausfällt.
Besonders erwünscht wäre es, wenn es gelänge, entweder unversehrte Brücken, sei es in Rostow selbst, oder sonst gesicherte Brückenköpfe südlich des Don zu gewinnen für die weitere Fortführung der für später beabsichtigten Operationen.
Um zu verhindern, daß wesentliche Teile der nördlich des Don befindlichen russischen Kräfte über den Strom nach Süden entweichen, ist es wichtig, daß die aus dem Raum von Taganrog nach dem Osten vorgehende Kräftegruppe eine Verstärkung ihres rechten Flügels durch die Zuführung von Panzer- und schnellen Truppen erhält, die – wenn notwendig – auch durch improvisierte Verbände zu bilden sind.
Entsprechend dem Fortschreiten dieser Angriffe muß nicht nur auf starke Sicherung der Nordostflanke der Angriffsoperation Bedacht genommen, sondern auch der Ausbau der Stellungen in Anlehnung an den Don sofort begonnen werden. Dabei ist auf stärkste Panzerabwehr entscheidender Wert zu legen. Die Stellungen sind von vornherein auch im Hinblick auf ihre etwaige Ausnutzung im Winter festzulegen und dafür mit allen Mitteln vorzubereiten.
Zur Besetzung der sich im Laufe dieser Operation mehr und mehr verlängernden Don-Front werden in erster Linie die Verbände der Verbündeten mit der Maßgabe herangezogen, daß deutsche Truppen als starke Stütze zwischen Orel und dem Don sowie an der Stalingrader Landenge einzusetzen sind, im übrigen aber einzelne deutsche Divisionen hinter der Don-Front als Eingreifreserven verfügbar bleiben.
Die verbündeten Truppen sind weitgehend in eigenen Abschnitten so zu verwenden, daß am weitesten nördlich die Ungarn, dem nächst die Italiener, am weitesten südostwärts die Rumänen eingesetzt werden.

D) Die schnelle Fortsetzung der Bewegungen über den Don nach Süden zur Erreichung der Operationsziele muß im Hinblick auf die jahreszeitlichen Bedingungen gewährleistet sein.

III. Luftwaffe:
Neben der unmittelbaren Unterstützung des Heeres ist es die Aufgabe der Luftwaffe, den Aufmarsch im Raum der Heeresgruppe Süd durch Verdichtung der Luftverteidigung zu schützen. Dies gilt insbesondere für die Eisenbahnübergänge über den Dnjepr.

IV. Kriegsmarine:
Im Schwarzen Meer ist es die Hauptaufgabe der Kriegsmarine – soweit die eigenen Mittel an Kampf- und Sicherungsstreitkräften sowie an Schiffsraum es irgend gestatten –, die Versorgung des Heeres und der Luftwaffe durch Seetransporte zu entlasten.

V. Meine zur Wahrung der Geheimhaltung erlassenen grundsätzlichen Befehle sind erneut allen an den Vorbereitungen beteiligten Stellen zur Pflicht zu machen. Das hierin zu beobachtende Verhalten gegenüber den Verbündeten wird durch besondere Anordnungen zu dieser Weisung geregelt.

VI. Die beabsichtigten Vorbereitungen der Wehrmachtteile sind mir, auch in ihrem zeitlichen Ablauf, über das Oberkommando der Wehrmacht zu melden.

(gez.) Adolf Hitler

Parade in Moskau am 7. November 1941. Direkt vom Roten Platz gehen die Truppen an die Front der belagerten Stadt.

Stalingrad

Die Führer-Weisung Nr. 41 vom 5. April 1942 sah zwei Angriffsziele vor: Im Norden sollte das belagerte Leningrad endgültig genommen und damit die Landverbindung zum finnischen Verbündeten hergestellt werden. Aber „Nordlicht“, das Angriffsunternehmen auf Leningrad, war nur von sekundärer Bedeutung. Die Hauptoperation war im Süden der „Durchbruch in den Kaukasus-Raum“.
Für diese Offensive waren vier Operationsabschnitte vorgesehen: Der Durchbruch auf Woronesch am Don mit der 2. Armee und der 4. Panzer-Armee, die Vernichtung der gegnerischen Kräfte westlich des Don von der 6. Armee, unter Durchbruch der 6. Armee aus dem Raum ostwärts Charkow und Beteiligung der 4. Panzer-Armee, die längs des Don nach Süden schwenken sollte, um den Gegner am Don einzukesseln. Darauf sollten die 4. Panzer-Armee und die 6. Armee, unter Führung durch die Heeresgruppe B, und die Heeresgruppe A (1. Panzer-Armee und 17. Armee) gemeinsam Stalingrad ausschalten, wobei die Heeresgruppe B Don-abwärts in südöstlicher Richtung und die Heeresgruppe A aus dem Raum ostwärts Taganrog – Artemowsk über den unteren Donez nach Nordosten auf die Stadt an der Wolga stoßen sollten. Die vierte Phase der Sommeroffensive sollte dann der Marsch nach Süden auf den Kaukasus bilden.
Träger des ganzen Unternehmens, das für die 1. Phase den Decknamen „Blau“ führte, war die Heeresgruppe Süd. Nachdem Generalfeldmarschall v. Reichenau im Jahre 1942 einen Schlaganfall erlitten und dann in Leipzig gestorben war, hatte sie Generalfeldmarschall v. Bock übernommen, der im Vorjahr die Heeresgruppe Mitte bis vor Moskau geführt hatte und dann zeitweilig wegen einer Erkrankung ausgeschieden war.
Voraussetzung für die Einleitung der Sommeroffensive war die Bereinigung der Situation auf der Halbinsel Kertsch und der Krim, wo sich der Gegner seit dem Winterfeldzug noch behauptete, ferner die Beseitigung der großen Einbruchstelle des Gegners im Raum Charkow, die seit dem

Links: Bei Stalingrad handelte es sich nicht um eine offene Feldschlacht, in der Panzer und motorisierte Verbände den Gegner weiträumig niederkämpfen konnten, sondern um eine Materialschlacht, in der um jedes Haus und jede Straße blutig gerungen wurde.

Rechts: Adolf Hitler und seine engsten militärischen Mitarbeiter General Wilhelm Keitel, Chef des Oberkommandos der Wehrmacht (OKW), und General Alfred Jodel (rechts), Chef des Wehrmacht-Führungsstabes.

Winterfeldzug bestand. Die Eroberung der Halbinsel *Kertsch* und der starken Festung *Sewastopol* auf der Krim fiel der 11. Armee unter Generaloberst v. Manstein zu; sie geschah im Laufe des Mai und Juni 1942 und schloss mit der Einnahme von Sewastopol ab. Mitte Mai 1942 stieß dagegen der sowjetische Oberkommandierende an der Südfront, Marschall Timoschenko, im Raum von Charkow in die deutschen Aufmarschvorbereitungen hinein und erzielte zunächst einen tiefen Einbruch. Durch Gegenstöße, die sich gegen die tiefen Flanken des eingebrochenen Gegners richteten, fingen die deutsche 1. Panzer-Armee (Gen.-Ob. v. Kleist), die 6. Armee (General der Panzertruppen Friedrich Paulus/ Chef des Generalstabes Generalmajor Arthur Schmidt) und rumänische, ungarische, italienische und slowakische Verbände sowie die Luftflotte 4 Timoschenkos Offensive ab.

Die *Frühjahrsschlacht von Charkow* besaß für die Reaktionsweise von General Paulus, der im Januar 1942 die 6. Armee übernommen hatte, große Bedeutung. Paulus war, ebenso wie der Oberbefehlshaber der Heeresgruppe Süd, Feldmarschall v. Bock, entgegen der Ansicht der Generalstabschefs der Armee und der Heeresgruppe, der Generale Schmidt und v. Sodenstern, dafür eingetreten, den Einbruch durch sofortige Gegenmaßnahmen aufzufangen. Im OKH,

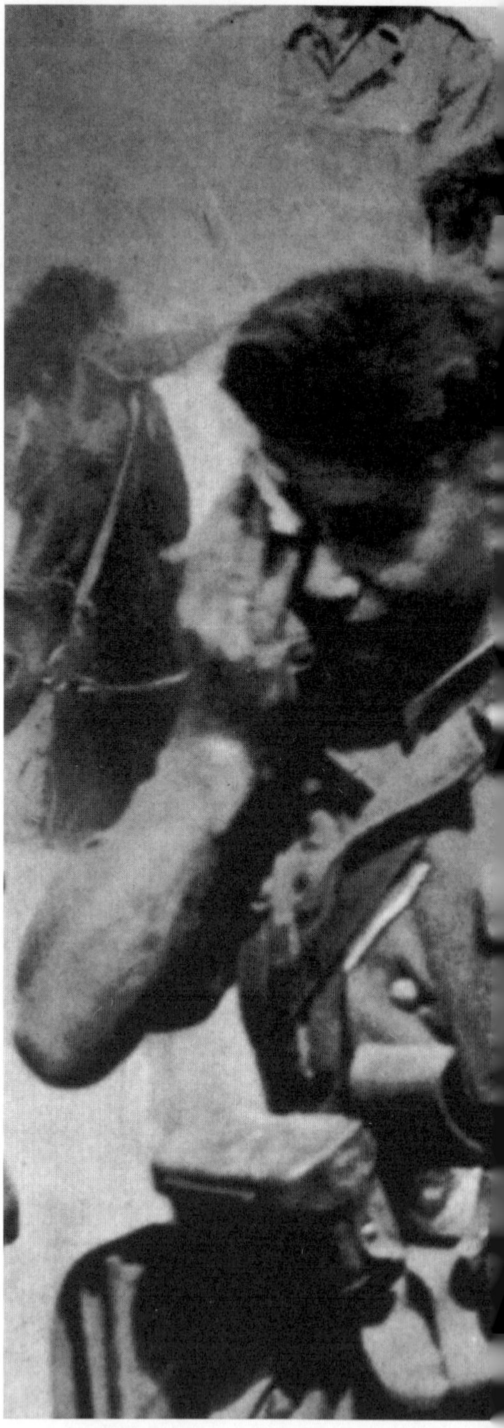

Bild oben: Deutsche Infanteristen auf dem Marsch nach Stalingrad in glühender Hitze.
Bild links: Mitte August 1942 stehen deutsche Panzer vor dem äußeren Verteidigungsgürtel von Stalingrad. Grenadiere stürmen sowjetische Stellungen.

im Generalstabslager „Mauerwald“ in Ostpreußen, war man, genau wie in den Stäben des AOK 6 und der Heeresgruppe, anderer Ansicht. Der Chef des Generalstabes des Heeres, Generaloberst Halder, hatte die Frühjahrsschlacht von Charkow immer mit Recht als seinen großen Erfolg angesehen. Er setzte sich durch, ließ den Angriff des Gegners bis dicht um Charkow ausrollen und holte dann gegen die tiefe Flanke der Sowjets zum Gegenstoß aus. Paulus erblickte in Charkow ein Beispiel dafür, dass das OKH große Lagen bisweilen besser und richtiger beurteilen konnte, als es dem einzelnen Armeeführer in kritischer Situation möglich war.

Ende Juni 1942 trat in Südrussland die Heeresgruppe Süd unter Feldmarschall v. Bock zum Angriff an. Auf einer Front von rund 800 Kilometern waren hier versammelt: die deutschen Armeen 2, 6, 11 und 17, die 1. und 4. deutsche Panzer-Armee, die 2. ungarische Armee unter Generaloberst Jány, die noch nicht vollzählig war, das italienische Expeditionskorps und die Gruppe Wietersheim. Unter dem Oberbefehl des Generalobersten Reichsfreiherrn v. Weichs zur Glon waren ostwärts Kursk das AOK 2, die 4. Panzer-Armee (Gene-

raloberst Hoth) und die Ungarn zu einer Armeegruppe zusammengefasst. Die Reserven v. Bocks betrugen zu diesem Zeitpunkt zwei deutsche Infanterie-Divisionen und sechs verbündete Divisionen. Das AOK 11 war noch auf der Krim gebunden.
Am *28. Juni 1942* traten die Armeen der Heeresgruppe Süd zum Angriff an. Zwischen dem 4. und 6. Juli nahm die Gruppe Weichs den Hauptteil der Stadt Woronesch. Dabei ergab sich einmal, dass der Gegner

Nachdem Generalfeldmarschall v. Brauchitsch (oben links) für die Winterkrise vor Moskau verantwortlich gemacht worden war, übernahm Hitler selbst den Oberbefehl über das Heer. Da Hitler auch mit Generalfeldmarschall Franz Halder (oben rechts) in Konflikt geriet , wurde er ebenfalls entlassen. Als sich der Chef der Heeresgruppe B Fedor von Bock (unten links) gegen Hitlers Plan aussprach, Stalingrad und den Kaukasus zugleich anzugreifen, wurde auch er seines Postens enthoben und durch Maximilian Freiherrn von Weichs (unten rechts) ersetzt.
Bild oben: Hitlers neue Männer im Osten. Ganz rechts Generalfeldmarschall v. Kleist, daneben der Chef des Generalstabes des Heeres, General der Infanterie Zeitzler, links von Hitler Generaloberst Ruoff, ganz links Generalfeldmarschall v. Manstein.

nicht mehr die traditionelle russische Haltung der unbedingten Verteidigung wahrte, sondern Woronesch schließlich freiwillig räumte, gemäß einer neuen Weisung Stalins, es käme jetzt auf elastisches, Kräfte sparendes Ausweichen an! Zum Zweiten zeigte sich in wechselnden Weisungen und dauernden direkten Eingriffen Hitlers eine bedenkliche Unsicherheit des Obersten Befehlshabers der Wehrmacht und des Heeres. Ursprünglich hatte Hitler befohlen, im 1. Operationsabschnitt Woronesch zu nehmen, während v. Bock diese Operation für unnötigen Zeitverlust hielt. Jetzt stellte Hitler der Heeresgruppe die Einnahme von Woronesch frei. Als v. Bock, anderer Meinung geworden, die Chance nutzte, befahl Hitler bereits das Abdrehen eines Panzer-Korps der 4. Panzer-Armee nach Südosten. Damit wurde mit einem einzigen Panzer-Korps (XXXX.) der zweite Operationsabschnitt der Weisung Nr. 41 eingeleitet, ohne dass der erste Abschnitt zu Ende gebracht worden war. Das XXXX. Panzer-Korps fehlte bei Woronesch, konnte aber andererseits, obendrein durch Treibstoffmangel behindert, die der ganzen Panzerarmee zugedachte Aufgabe nicht voll erfüllen, vor dem Angriff des AOK 6 ausweichende sowjetische Kräfte am Rückzug über den Don nach Osten zu hindern. Diese „Strategie der Halbheiten“ sollte für den ganzen Sommerfeldzug bezeichnend bleiben. Und es handel-

te sich obendrein bei diesen Operationen am Don darum, die lange Nordflanke für die künftigen Operationen zwischen Don und Wolga und im Kaukasus zu stabilisieren.
Am 10. Juli 1942 trat eine *Neugliederung* der deutschen Kräfte im Süden Russlands in Kraft. Die bisherige Heeresgruppe Süd wurde geteilt in die Heeresgruppe B (Feldmarschall v. Bock) mit AOK 6, 2. ungarischer, 8. italienischer und in Aufstellung begriffener 3. rumänischer Armee. Die neue Heeresgruppe A (Feldmarschall List) mit AOK 17, ab 14. Juli unterstellter 4. Panzer-Armee und der 1. Panzer-Armee, sollte die Führung der Operation gegen Stalingrad übernehmen. Gemäß der Weisung Nr. 41 war dies der 3. Operationsabschnitt. Danach sollten sich donabwärts stoßende Kräfte der Heeresgruppe B in einer Zangenbewegung mit den Kräften von A (List) vereinen, die aus dem Raum Taganrog – Artemowsk über den Unterlauf von Donez und Don auf Stalingrad und die Wolga vorgehen sollten. Da der Plan, mit zwei Armeen über den unteren Donez zu setzen, auf taktische Bedenken stieß, wurde der Aufmarsch abgeändert. Die Heeresgruppe A wurde in nördlicher Richtung angesetzt und gewann am 14. Juli 1942 mit der Heeresgruppe B Tuchfühlung bei Millerowo. Damit war die Idee eines Zangenangriffes auf Stalingrad aufgegeben worden.
Am 16. Juli 1942 bezog Hitler mit dem Wehrmachtführungsstab und dem Generalstab des Heeres ein vorgeschobenes Hauptquartier „Werwolf" bei Winiza in Podolien (Westukraine), das behelfsmäßig in Fichtenwäldern an der Straße Winniza – Schitomir untergebracht war. Seit langem mit der Führung Feldmarschalls v. Bock unzufrieden, wechselte Hitler die Führung der Heeresgruppe B. Bock wurde verabschiedet; seine Stelle nahm Generaloberst Frhr. v. Weichs ein.
Hitler glaubte damals ernsthaft – wie schon einmal im Herbst des Vorjahres –, der Gegner sei nun wirklich am Ende seiner Kräfte angelangt. Noch

Oben: Sturzkampfbomber über Industrieanlagen an der Wolga.
Rechte Seite: Von Stukas vernichtete Panzer vom Typ T-34. Das Auftauchen des mittelschweren Panzerkampfwagens T-34 bedeutete eine böse Überraschung. An Feuerkraft und Beweglichkeit war das sowjetische Fahrzeug den deutschen Panzern III und IV weit überlegen.

bevor die Übersiedlung des Führerhauptquartiers von Ostpreußen nach Podolien stattfand, griff Hitler erneut in die Operation ein. Am 13. Juli befahl er, die beiden Panzerarmeen 1 und 4 sollten zusammen mit den AOK 17 (Generaloberst Ruoff) in Richtung auf Rostow angreifen. Das bedeutete nichts Geringeres als eine Unterbrechung des Angriffs auf Stalingrad.
Aber Hitler war der Überzeugung, die vor dem AOK 6 und dem XXXX. Panzer-Korps am Don ausweichenden sowjetischen „Hauptkräfte" könnten zwischen Don und Donez in einer Kesselschlacht gestellt und vernichtet werden, bevor sie über Rostow in Richtung auf den Kaukasus zurückgingen. Dies war reine Fiktion. Nach Meldungen der deutschen Abwehr hatte zufällig an demselben 13. Juli 1942 in Moskau ein Kriegsrat stattgefunden, bei dem der Rückzug auf Stalingrad und die Wolga und auf den Kaukasus beschlossen worden war, um damit die Deutschen einem neuerlichen Winterfeldzug auszusetzen.
Am 23. Juli 1942 nahmen die 1. Panzer-Armee und das AOK 17 Rostow ein. Von der erträumten „Kesselschlacht" war keine Rede mehr. Der Gegner befand sich längst in vollem Rückzug auf den Kaukasus.
Während die 6. Armee nun über den Oberlauf des Tschir auf die Don-Schleife bei Kremenskaja vorging, deckte Hitler seine Karten auf. Die *Weisung Nr. 45 vom 23. Juli 1942* sah vor, dass die Heeresgruppe A mit der Armee-Gruppe Ruoff (AOK 17 und 3. rumänische Armee) auf Atum am Schwarzen Meer vorgehen sollte. Die 1. und 4. Panzer-Armee sollten Ölgebiete bei Maikop-Grosny nehmen und dann die Linie Tiflis – Baku gewinnen (Unternehmen „Maus"). Die Heeresgruppe B erhielt den Auftrag, mit dem AOK 6 Stalingrad zu nehmen und die Don-Linie zur Verteidigung einzurichten (Unternehmen „Siegfried"). Das AOK 11 unter Feldmarschall v. Manstein wurde nach Norden verlagert, um Leningrad zu nehmen.
In diesen Tagen dehnte sich die Frontlinie der beiden Heeresgruppen

Halten um jeden Preis

Abgesehen davon, dass die Verbündeten strikt darauf achteten, unter eigenem Oberbefehl zu handeln, verlief die Zusammenarbeit mit den deutschen Stellen nicht immer reibungslos. Die folgenden Dokumente veranschaulichen den Konflikt mit dem rumänischen Generalstab.
Aktennotiz vom 22. November 1942 über eine Besprechung des Chefs der Deutschen Heeresmission in Rumänien, General Arthur Hauffe, mit dem rumänischen Generalstabschef, General Steflea:

General Steflea teilte mit, die Gruppe Lascar sei zur Übergabe aufgefordert worden, hätte aber abgelehnt. Die Versorgung durch die Luft sei in die Wege geleitet. Er schlage aber vor, die 62. Division schnellstens heranzuholen. General Hauffe erwiderte, zwei Divisionen träfen mit den Spitzen der ersten Regimenter heute ein. Im übrigen sei die Lage ohne Frage ernst. Es käme jetzt darauf an, selbst gute Haltung zu bewahren und dem vom eingesetzten Soldaten die gute Haltung zu erhalten. Es gehe jetzt nicht nur um den rumänischen und deutschen Waffenruhm, sondern um schwerwiegende Dinge, um die 6. Armee, 4. Panzer-Armee und das Schicksal von Stalingrad. Es ginge nicht um die Rettung einzelner Truppenteile, sondern darum, daß Rumänen und Deutsche forthalten, wo sie hingestellt sind. General Hauffe bat dann, entsprechend auf die 3. und 4. rumänische Armee und auf das Große Haupt-Quartier Einfluß zu nehmen, und daß in vorbildlicher Haltung alles getan werde, um die Lage innerlich und äußerlich zu meistern.
Eigenmächtige Rückwärtsbewegungen müssen wegen der Gefahr von Paniken verhindert werden. Versprengte müssen unter Führung energischer Offiziere wieder der Front zugeführt werden. General Hauffe schlägt vor, alle verfügbaren Offiziere und Mannschaften zur Unterstützung der 3. Armee zu entsenden; er selbst habe den Stab zu diesem Zweck schon ausgekämmt.
General Steflea berichtete, er habe überall, wo eine Panne passiert sei, eine Untersuchung angeordnet, Auffangkommandos seien bereits organisiert, die Sammlung Versprengter eingeleitet. Die Versprengten werden in der Tschir-Linie eingesetzt. Als letzte Auffanglinie sei der Donez vorgesehen. Dort würden zur Sammlung Versprengter Generalstabsoffiziere des Großen H. Qu. und das Grenzer-Bataillon eingesetzt. Im übrigen gehörten die Versprengten bisher nur den Versorgungstruppen an ...
... Er habe im Namen des Marschalls Antonescu einen Befehl erlassen für die Zusammenarbeit mit den deutschen Dienststellen und das Halten um jeden Preis. Er werde aber die von General Hauffe mitgeteilten Gesichtspunkte noch einmal an die Truppe bekanntgeben. General Hauffe schlug vor, die Gruppe Lascar auch moralisch zu unterstützen, z. B. durch Ordensverleihungen im Namen des Marschalls, und daß der Marschall für einige Tage an die Front käme, um seine Truppen günstig zu beeinflussen.

Telegramm von Conductorul Marschall Antonescu an Adolf Hitler vom 22. November 1942:

An Oberst Jon Gheorghe [den rumänischen Militärattaché in Berlin]: Übermitteln sie Nachstehendes an OKW zur sofortigen Weitergabe an den Führer Adolf Hitler:
1. Aus den vom rumänischen Generalstab erhaltenen Nachrichten, mit dem ich während des ganzen Tages in Fühlung stand, geht hervor, daß die Lage der 3. Armee sehr ernst ist und daß sie über keine Reserven mehr verfügt.
2. Wir haben davon Kenntnis, daß vier deutsche Großeinheiten zum 18. in den Abschnitt dieser Armee gelangen. Es ist mir aber mitgeteilt worden, daß deren Eingreifen nicht vor dem 28. bis 30. November möglich sein wird, so daß die 3. Armee noch sechs bis acht Tage in der genannten Lage aushalten müßte, was meiner Auffassung nach eine Unmöglichkeit ist.
3. General Lascar, Kommandeur einer aus vier Divisionen bestehenden eingekreisten Gruppe, meldet, daß er keine Munition habe, obgleich ihm welche versprochen worden war, und daß der letzte Augenblick da sei, mit einigem Erfolg einen Ausbruch aus dieser Einkreisung zu versuchen. Nach dem Befehl der Heeresgruppe B habe er auszuhalten, und er verlangt direkte Befehle von mir.
4. Ich habe es abgelehnt, einen zusätzlichen Befehl neben dem von der verantwortlichen örtlichen Führungsstelle erteilten zu geben.

Rumänische Verbündete auf dem Marsch nach Osten.

5. Aufgrund der geschilderten Lage und unter Berücksichtigung der langen Zeit, die bis zum Einsatz der zusammengezogenen Kräfte verstreicht, würde ich vorziehen, daß General Lascar herausgezogen werde, um mit der 1. Panzer-Division und der 22. deutschen Pz.Div. und mit den restlichen Verbänden eine Gruppe zu bilden, die in der Kampflinie der 22. Pz.Div. widerstehen soll, bis der Einsatz der vier versprochenen Großeinheiten erfolgen kann. Im anderen Fall könnte bis zum Eintreffen deutscher Kräfte die Gruppe Lascar vollständig vernichtet sein, da eine fühlbare Versorgung mit Munition und Lebensmitteln unmöglich ist.

6. Ich mache diese Eingabe nicht, weil mich die Lage beunruhigt, sondern aufgrund der politischen Verantwortung, die ich gegenüber dem Lande trage, und aus dem berechtigten Wunsch heraus, die 3. Armee nicht der restlosen Vernichtung preiszugeben, die ich nicht wieder neu aufstellen könnte. Aus diesen Erwägungen heraus bitte ich den Führer, die Gründe zu würdigen und zu entscheiden.

Telegramm Adolf Hitlers an Conductorul Marschall Antonescu vom 23. November 1942:

Euer Exzellenz!

Als ich in der Nacht vom 22. zum 23. November die Meldung bekam, daß die tapfer eingreifende 1. rumänische Panzer-Division sich mit der 22. Pz.Div. vereinigt hat, habe ich schon vor Eingang des Telegramms Euer Exzellenz den Befehl gegeben, daß sich die Gruppe Lascar unter Ausnutzung dieses freigekämpften Weges nach Süden durchzuschlagen hat, um den Anschluß an das XXXXVIII. Panzer-Korps wieder zu gewinnen. Ich bin überzeugt, daß das der Gruppe Lascar, deren Kommandeur sich als vorbildlicher Soldat erwiesen hat, auch gelingen wird. Die 6. Armee wird sich halten, und von West her werden die neu herangeführten Divisionen im Verein mit dem 1. rumänischen Korps den Gegner in der tiefen Flanke treffen. Ich bin der festen Überzeugung, daß, wie schon so oft in dem Kampf gegen Sowjet-Rußland, die bessere Führung und die bessere Truppe über Anfangserfolge des Feindes triumphieren wird. Für einen Impuls an Ihre Befehlshaber in diesem Sinne wäre ich besonders dankbar. Der vorbildlichen Haltung des Generals Lascar gilt meine besondere Anerkennung. Ich habe ihm daher schon gestern, in Würdigung seiner besonderen Verdienste als erstem Offizier unserer Verbündeten, das Eichenlaub zum Ritterkreuz des Eisernen Kreuzes verliehen.

In kameradschaftlicher Verbundenheit und mit herzlichen Grüßen

Adolf Hitler

Mangel an Voraussicht

In einem Bericht vom November 1942 schreibt der Oberbefehlshaber des italienischen Expeditionskorps in Russland, General Giovanni Messe, über die deutsche Kriegspolitik an der Ostfront:

Den Italienern gegenüber zeigen sich die Deutschen sehr eifersüchtig wegen der Sympathie, die wir bei der Bevölkerung genießen. Es ist eine nicht abzuleugnende Tatsache, daß der unserer Rasse innewohnende Sinn für Gerechtigkeit und Menschlichkeit, von dem wir uns beim Verkehr sowohl mit der Zivilbevölkerung als auch mit den Gefangenen leiten lassen, vom Volke voll gewürdigt wird. Die unvermeidlichen Maßnahmen zur Versorgung der Truppe und zur Sicherung der Etappe wurden daher in einem Geist hingenommen, der grundverschieden war von jenem in den von deutschen, rumänischen und ungarischen Streitkräften besetzten Gebieten.

General Giovanni Messe bei Soldaten des italienischen Expeditionskorps in Russland.

. . .

(Schlussbetrachtungen):

1. Die politische Ausrichtung des Ostfeldzugs basiert allein auf dem Thema Antibolschewismus.

2. Deutschland strebt nicht danach, das bolschewistische Regime durch irgendein anderes zu ersetzen, sondern will sich ganz Osteuropa als wirtschaftliche Einflußzone unmittelbar sichern.

3. Die Behandlung der Bevölkerung und der Gefangenen sowie die Ausbeutung der örtlichen Bodenschätze verraten oft Mangel an Voraussicht, Widersprüche in den Richtlinien, Zusammenhanglosigkeit und Unstabilität bei den höhere militärischen, politischen und wirtschaftlichen Organen, die mit der Verwaltung der besetzten Gebiete beauftragt sind.

4. Die deutschen Führer im Rücken der kämpfenden Armeen beweisen weiterhin durch rigorose Politik und mancherlei Auswüchse, daß es ihnen an Reife, Vorbereitung und politischer Sensibilität mangelt.

5. Die deutsche Haltung gegenüber den Verbündeten ist stets gekennzeichnet durch schlauestes Abschätzen des unmittelbaren Eigeninteresses, vermengt mit einigem Mißtrauen, mit Unaufrichtigkeit und Eifersucht.

6. Deutschland hat es nicht verstanden, bei der Bevölkerung der besetzten Gebiete Sympathie und Bereitschaft zur Zusammenarbeit zu erwecken.

Auf die vorstehend aufgezählten Gründe ist es in erster Linie zurückzuführen, daß die politische Kriegsführung an der Ostfront nicht jene Ergebnisse zeitigte, die im Hinblick auf die bisher errungenen militärischen Erfolge zu erhoffen waren.

in Südrussland im Raum Rostow – Zymlianskaja – Woronesch auf über 1.200 Kilometer. Erreichte man tatsächlich die erhoffte Linie Batum – Baku – Astrachan – Stalingrad – Woronesch, verlängerte sich die deutsche Südfront auf rund 4.100 Kilometer.

Mit der Führer-Weisung Nr. 45 trat die merkwürdige Anlage der Sommeroffensive 1942 voll in Erscheinung. Die zu Beginn der Offensive gestaffelte Reihenfolge der Angriffsunternehmen wurde jetzt aufgegeben, zu Gunsten zweier Offensiven, die in divergierender Richtung angesetzt wurden: auf Stalingrad und den Kaukasus, und dies, obwohl ursächlich beide Unternehmen in gar keinem Zusammenhang standen. Weder war es notwendig, Stalingrad zu nehmen, wenn man den Kaukasus nehmen wollte, noch war das Umgekehrte der Fall.

Allein Hitler war damals davon überzeugt, der Gegner sei am Ende, obwohl die gegenüber früheren Verhältnissen weit geringeren Verluste und Gefangenenzahlen der Sowjets eher auf eine hinhaltende Kampfführung schließen ließen. Er glaubte auch, dass die Gewinnung der Ölquellen des Kaukasus der sowjetischen Rüstungswirtschaft den entscheidenden Schlag versetzen würde. Tatsächlich vollzog sich auf *sowjetischer Seite* etwas ganz Anderes: Die große Reorganisation der Rüstungsindustrie im ostrussischen und sibirischen Raum ging dem Ende entgegen. Die Produktionsziffern an neuen

Dass Hitlers Verbündete im Osten oft nicht die erwarteten militärischen Leistungen brachten, lag teilweise auch daran, dass sie nicht über das gleiche moderne Material wie ihre deutschen „Waffenbrüder" verfügten.

Linke Seite: Bulgarische Truppen auf dem Marsch an die Ostfront.
Bild oben: König Boris von Bulgarien mit einem deutschen Verbindungsoffizier.
Bild rechts: Eine slowakische Panzerabwehrkanone wird in Stellung gebracht.

Linke Seite, oben: Über zerstörte russische Panzerfahrzeuge hinweg kann ein deutscher Soldat mit seinem Feldstecher die Silhouette Stalingrads erkennen.
Linke Seite, unten: Sich mühsam vorkämpfend, dringen deutsche Grenadiere in die Stadt ein.
Bild oben: Tod eines Landsers am Wolga-Strand. In einem Brief nach Hause heißt es: „Seid ihr nur froh, daß der Krieg im fernen Lande ist und nicht in unserer geliebten deutschen Heimat. Dorthin darf er nicht kommen, damit das Unglück nicht noch größer wird. Ihr müßt recht dankbar dafür sein und Eurem Herrgott auf Knien danken. Wir stehen hier am Wolgastrand und halten die Wacht für Euch und unsere Heimat.“

Panzern, Geschützen und „Stalinorgeln”, stiegen.
Demgegenüber nahmen die Versorgungsschwierigkeiten für die in den Riesenräumen operierenden deutschen Verbänden zu. Da ein festes Straßensystem fehlte, lief die gesamte Versorgung der beiden deutschen Heeresgruppen über zwei Bahnstränge, die zunächst in Charkow und Stalino endeten und dann über Rostow weitergeführt wurden, ein zeitraubendes Unterfangen, da der Gleiskörper auf die deutsche Spurbreite umgestellt werden musste. Der Generalquartiermeister des Heeres suchte im Operationsgebiet mit Hilfe von Kraftfahrzeugkolonnen aushilfsweise ein Stützpunktsystem für den Nachschub zu schaffen. Konnte die Verpflegung noch im Wesentlichen aus dem Lande bestritten werden, so ergaben sich auf dem Munitions- und vor allem auf dem Treibstoffsektor immer neue Krisen. Selbst die Luftflotte 4 musste mit improvisierten Kraftfahrkolonnen einspringen.
Immerhin war mit der Weisung Nr. 45 nunmehr kräftemäßig ein neuer Schwerpunkt gebildet worden. Drei deutsche Armeen waren angesetzt, um den Kaukasus zu erobern, eine einzige deutsche Armee, das AOK 6, sollte nun sowohl Stalingrad nehmen als auch die Don-Front zur Verteidigung einrichten.
Sieben Tage nach der Weisung Nr. 45 vom 23. Juli, am 30. Juli 1942, traf Hitler die letzte seiner einschneidenden Umdispositionen in der Anlage dieses doppelstrahligen Feldzuges. Die 4. Panzer-Armee des Generalobersten Hoth, die gerade einen Brückenkopf über den Manytsch-

Fluss gewonnen und auf dem Vormarsch zum Kaukasus Proletarskaja genommen hatte, wurde wieder abgedreht, der Heeresgruppe B unterstellt und erhielt den Auftrag, in Zusammenarbeit mit dem AOK 6 südlich des Don durch die Kalmückensteppe auf Stalingrad und die Wolga vorzugehen. Damit war die letzte Schwerpunktbildung aufgegeben.

Nach der Berechnung der Abteilung Fremde Heere Ost im Generalstab des Heeres verfügte der Gegner am 15. August 1942 an der Front über 154 Infanterie-Divisionen, 83 Infanterie-Brigaden, 13 Kavallerie-Divisionen und 68 Panzer-Brigaden, was etwa dem Kampfwert von 222 deutschen Divisionen entsprach. Seine Reserven wurden geschätzt auf 73 Infanterie-Divisionen, 66 Infanterie-Brigaden, 20 Kavallerie-Divisionen und 86 Panzer-Brigaden.

An der Don-Wolga-Front verfügte die 4. Panzer-Armee, die ein Panzer-Korps (XXIV.) an die 6. Armee, ein weiteres Panzer-Korps (XXXX.) an die Heeresgruppe A und die Division „Großdeutschland" an das Westheer hatte abgeben müssen, noch über das XXXXVII. Panzer-Korps mit einer Panzer- und einer motorisierten Division, das IV. Korps mit zwei Infanterie-Divisionen und das VI. Rumänische Korps mit zunächst zwei Divisionen. Und die 6. Armee, Trägerin des Hauptangriffes im großen Don-Bogen, die in zwei Stoßkeilen (Nord und Süd) vorging, verfügte über das XIV. Panzer-Korps, das VIII. und XVII. A.K. sowie das XXIV. Panzer-Korps und das LI. A.K.

Bilder links und rechts: Tod aus der Luft. Pausenlos fliegen deutsche Bomber über Stalingrad, heulend stürzen sich die Stukas auf die Fabrikviertel, die Eisenbahnlinien, die Öltanks und die Häuser. Der Bombenhagel trifft auch die Zivilbevölkerung. Man verkriecht sich in Keller und Erdlöcher, denn Stalingrad ist nicht geräumt. In den Fabriken arbeiten die Menschen bis zur letzten Stunde, in der alles in Trümmer sinkt.

Verschärfung des Partisanenkampfes

In den von Hitler am 18. August 1942 erlassenen Richtlinien über die „verstärkte Bekämpfung des Bandenwesens im Osten" heißt es:

A) Allgemeines

I) Das Bandenunwesen im Osten hat in den letzten Monaten einen nicht mehr erträglichen Umfang angenommen und droht zu einer ernsten Gefahr für die Versorgung der Front und die wirtschaftliche Ausnützung des Landes zu werden. Bis zu Beginn des Winters müssen diese Banden im wesentlichen ausgerottet und damit der Osten hinter der Front befriedet werden, um entscheidende Nachteile für die Kampfführung der Wehrmacht im Winter zu vermeiden.

Hierzu ist erforderlich:
1. Schnelle durchgreifende aktive Bekämpfung der Banden unter Zusammenfassung aller hierzu freizumachenden und geeigneten Kräfte der Wehrmachtteile, der SS und der Polizei.
2. Zusammenfassung aller propagandistischen, wirtschaftlichen und politischen Maßnahmen auf die Notwendigkeit der Bandenbekämpfung.

II) Folgende allgemeine Richtlinien sind von allen beteiligten Stellen bei ihren militärischen, polizeilichen und wirtschaftlichen Maßnahmen zu berücksichtigen:
1. Die Bandenbekämpfung ist wie die Führung gegen den Feind an der Front eine Führungsangelegenheit. Sie ist durch die hierfür vorgesehenen Führungsstäbe zu organisieren und zu führen.
2. Die Vernichtung des Bandentums erfordert aktive Bekämpfung und härteste Maßnahmen gegen alle, die sich an der Bandenbildung beteiligen oder sich der Unterstützung der Banden schuldig machen. Kampfanweisung für die Durchführung der Bandenbekämpfung folgt.
3. Das notwendige Vertrauen in die deutsche Führung muß durch strenge, aber gerechte Behandlung der Bevölkerung errungen werden.
4. Voraussetzung für die Vernichtung der Banden ist die Sicherstellung des Existenzminimums der Bevölkerung. Gelingt dies nicht und ist insbesondere die gerechte Verteilung des Vorhandenen nicht gewährleistet, wird ein vermehrter Zuzug zu den Banden die Folge sein.
5. Die Mitarbeit der Bevölkerung bei der Bandenbekämpfung ist unentbehrlich. Die Belohnung verdienter Leute darf nicht kleinlich gehandhabt werden. Sie soll wirklich einen Anreiz bieten. Um so härter müssen demgegenüber Sühnemaßnahmen für die Begünstigung der Banden sein.
6. Der unangebrachten Vertrauensseligkeit gegenüber den Landeseinwohnern, besonders gegenüber solchen Landeseinwohnern, die bei deutschen Dienststellen angestellt sind, ist schärfstens entgegenzutreten. Wenn auch die Masse der Bevölkerung bandenfeindlich eingestellt ist, so muß doch überall mit Spitzeln gerechnet werden, deren Aufgabe es ist, die Banden rechtzeitig über alle gegen sie beabsichtigten Maßnahmen zu unterrichten.

B) Befehlsführung und Verantwortlichkeit

1. Reichsführer SS und Chef der deutschen Polizei:
Der Reichsführer SS und Chef der deutschen Polizei ist die zentrale Stelle für die Sammlung und Auswertung aller Erfahrungen auf dem Gebiet der Bandenbekämpfung.
Darüber hinaus ist der Reichsführer SS allein verantwortlich für die Bandenbekämpfung in den Reichskommissariaten. Die Wehrmachtsbefehlshaber haben ihn bei der Durchführung der sich hieraus ergebenden Aufgaben durch Abstimmung ihrer Maßnahmen sowie gegebenenfalls durch Abstellung von Führungsorganen, Führungsmitteln und Versorgungseinrichtungen zu unterstützen. Soweit es die militärischen Sicherungsaufgaben, die örtlich möglichst aktiv zu lösen sind, irgend zulassen, sind den Höheren SS- und Polizeiführern für deren Unternehmungen im Bedarfsfall auch Kräfte der Wehrmacht vorübergehend zu unterstellen.
Engste Verbindung zwischen den Höheren SS- und Polizeiführern und den Wehrmacht-

„Partisanen-Gefahr". Die Rollbahnen im Osten mussten durch Warnschilder gesichert werden.

Der Alltag des Partisanen: Schulung in einem Waldlager.

befehlshabern ist die Vorbedingung des Erfolges.

2. Heer:
Der Chef des Generalstabes des Heeres ist im Operationsgebiet allein für die Bandenbekämpfung verantwortlich. Zur Durchführung der hieraus entstehenden Aufgaben sind neben den vom Heer hierfür eingesetzten Kräften die im Operationsgebiet liegenden Polizeikräfte den entsprechenden Befehlshabern unterstellt. Diese haben die Führung der einzelnen Unternehmungen je nach Lage, Kräfteeinsatz und verfügbaren Dienstgraden den Kommandeuren des Heeres oder den Höheren SS- und Polizeiführern zu übertragen.

C) Kräfte

1. Kräfte des Reichsführers SS:
Die verfügbaren und für die Bandenbekämpfung vorgesehenen Polizei- und SS-Verbände sind in erster Linie zur aktiven Bekämpfung bestimmt. Ihr Einsatz zu sonstigen Sicherungsaufgaben ist zu vermeiden. Eine Verstärkung der Polizei- und SS-Kräfte im Osten und weitgehende Verlegung sonstiger Einrichtungen des Reichsführers SS in die gefährdeten Gebiete ist anzustreben. Die noch an der Front eingesetzten, aber für die Bandenbekämpfung im Hinterland unentbehrlichen Verbände sind baldmöglichst durch das Heer herauszulösen und dem Reichsführer SS für ihr eigentliches Aufgabengebiet zur Verfügung zu stellen.

2. Kräfte des Heeres:
Um eine verstärkte Belegung des großen, hinter den kämpfenden Fronten liegenden Ostraumes zu ermöglichen, befehle ich:

a) Mit dem Zeitpunkt des Übergangs des Generalgouvernements in das Heimatkriegsgebiet sind in das Generalgouvernement zwei Ersatzdivisionen zu verlegen.
b) In den Bereich des Wehrmachtbefehlshabers Ostland und W.Bfh. Ukraine sind bis 15. 10. 1942 insgesamt fünf Einsatzdivisionen zu verlegen.
c) Aus dem Generalgouvernement sind bis 1. 10. 1942 alle Truppenteile, Einheiten, Dienststellen, Einrichtungen und Schulen des Feldheeres, soweit sie nicht unter Befehl des Befehlshaber des Ersatzheeres treten, in die Reichskommissariate bzw. das Operationsgebiet zu verlegen. Erforderliche Ausnahmen unterliegen der Genehmigung durch den Chef des OKW:
d) In das Operationsgebiet im Osten ist bis Ende Oktober eine aus dem Ersatzheer zu bildende Feldersatz-Organisation in einer Stärke von 50.000 Mann im Endziel zu verlegen.
e) Erforderliche Durchführungsbestimmungen zu a) – d) erläßt der Chef des OKW.

3. Kräfte der Luftwaffe:
Oberbefehlshaber der Luftwaffe veranlaßt zur Verstärkung der Besatzungskräfte im Osten die Verlegung von Einrichtungen der Luftwaffe in die bandengefährdeten Gebiete.

4. Landeseigene Verbände:
Die in der Bandenbekämpfung besonders bewährten landeseigenen Verbände können, soweit unbedingt zuverlässige und einsatzfreudige Mannschaften auf freiwilliger Grundlage zur Verfügung stehen, weiter aufrechterhalten und ausgebaut werden. Ihre Heranziehung zum Kampf an der Front und die Verwendung von Emigranten oder Führern der ehemaligen Intelligenz bleiben verboten.
Für diese Verbände sind vom Generalstab des Heeres, soweit bisher noch nicht geschehen, einheitliche Bestimmungen für innerdienstliche Verhältnisse, Dienstgrade, Uniformierung und Ausbildung in Anlehnung an die für die Turk-Verbände aufgestellten Richtlinien zu erlassen und durch Chef OKW zu genehmigen. Deutsche Rang- und Hoheitsabzeichen sowie Schulterstücke der Wehrmacht sind verboten. Die Versorgung soll dem bewiesenen Einsatz entsprechen. Bevorzugte Landzuteilung ist im Rahmen der gegebenen Anweisung und Möglichkeiten großzügig zu handhaben.

5. Sonstige Kräfte:
Die Bewaffnung des Reichsarbeitsdienstes, der Eisenbahner, Forstbeamten, Landwirtschaftsführer usw. ist, soweit noch erforderlich, zu verbessern. Sie sind in die Lage zu versetzen, sich mit möglichst wirkungsvollen Waffen selber zu schützen.
Es darf im bandengefährdeten Gebiet keinen Deutschen geben, der nicht aktiv oder passiv in die Bandenbekämpfung eingespannt ist.

(gez.) Adolf Hitler

Infolge der dauernden Umgruppierungen und des Abzweigens erheblicher Treibstoffvorräte für das Kaukasus-Unternehmen kam die Armee erst am 7. August 1942 dazu, die Masse der sowjetischen Verbände im großen Don-Bogen, etwa zwölf Schützen-Divisionen und fünf Panzer-Brigaden, zu schlagen und den Übergang über den Don zu erzwingen. Unterdes kämpfte sich die 4. Panzer-Armee – unter steten Treibstoffschwierigkeiten – gegen zähen Widerstand über den Aksay-Fluss in der Kalmückensteppe und Abganerowo in Richtung auf Krassnoarmeisk an der Wolga südlich von Stalingrad vor. Der sowjetische Widerstand war so nachhaltig, dass zeitweilig die 6. Armee wieder eine Panzer- und eine Infanterie-Division an Hoth abgeben musste.

Am *19. August 1942* sah sich Paulus endlich in der Lage, den *Befehl zum Angriff auf die Stadt* selbst geben zu können. Entsprechend einer Weisung der Heeresgruppe B sah dieser vor, sich nördlich der Bahnlinie Kalatsch – Stalingrad in den Besitz der Landbrücke zwischen Don und Wolga zu setzen. Teilkräfte sollten auf den Höhen westlich von Stalingrad Verbindung zu Hoth suchen. Detaillierte Befehle für die Inbesitznahme des Stadtbereiches an der Wolga wurden zunächst nicht gegeben, da das AOK nicht wusste, ob der Gegner ausreichende Kräfte für eine nachhaltige

Bild oben: Anfang September 1942, noch 8 Kilometer bis Stalingrad. Der Kommandant der 24. Panzer-Division kann aus der offenen Turmluke seines Panzers III schon die Vorstädte erkennen.
Bild rechte Seite: Generaloberst Freiherr von Richthofen von der 4. Luftflotte (rechts) bei einer Lagebesprechung mit General Paulus, dem Oberbefehlshaber der 6. Armee (2. von links), in noch entspannter Atmosphäre, etwa Mitte September. Zu diesem Zeitpunkt bereitete Stalin schon die Einschließung der 6. Armee („Uranus“) und den Durchbruch bis Rostow („Saturn“) vor.

Verteidigung von Stalingrad besaß. Drei Tage später erzwang sich die 6. Armee am 21. August beiderseits Wertjatschi den Übergang über den Don, wiederum zwei Tage später erreichten Einheiten des XIV. Panzer-Korps am 23. August 1942 abends die Wolga bei Rynok am Nordrand des Riesenkomplexes der Stadt.

Schon vorher war indes der Angriff der 4. Panzer-Armee Hoths am 20. August 1942 auf den Hügeln ostwärts des Bahnhofs Tundutowo vor dem Höhengelände von Krassnoarmeisk zum Stehen gekommen. Dieser Höhenzug, der von den Sowjets stark gesichert war, bildete das beherrschende Gelände am Knie der Wolga. Er stellte den südlichen Eckpfeiler der Stadtverteidigung dar. Aber die Kräfte der 4. Panzerarmee erwiesen sich als zu schwach, um die Höhen zwischen Krassnoarmeisk und Beketowka zu nehmen. Die Armee musste nach links Anschluss an das AOK 6 suchen. Der ursprünglich geplante Zangenangriff erwies sich damit als undurchführbar. Am 3. September gewannen deutsche und rumänische Verbände Hoths die Wolga-Höhen am Westrand von Stalingrad, stießen dann zur Wolga hinab und erreichten bis zum 10. September 1942 den Raum zwischen Jelschanka und Kuperossnoje, südlich Stalingrads an der Wolga. Beketowka, später einer der Ausgangspunkte der sowjetischen Gegenoffensive, konnte nicht genommen werden.

Zwischen dem 1. und 15. September fraßen sich langsam, Schritt um Schritt und Zug um Zug unter immer schwereren Verlusten, die 6. Armee und die 4. Panzer-Armee von Süden, Westen und Norden her in das Gewirr von Stadtsiedlungen, Vororten, Fabrikanlagen und Bahnhöfen der Wolga-Metropole hinein. Es begann das an die Abnutzungsschlacht von Verdun gemahnende Ringen um Stalingrad, das zwei und einen halben Monat hindurch nicht zum Stillstand kam. Zwar wurde allmählich der Hauptteil der Stadt gewonnen, aber die Sowjets behaupteten in dem etwa acht Kilometer langen Stadtkern einen Teil des Wolga-Ufers und die entscheidende Fährstelle von Krassnaja Sloboda nach Stalingrad.

Gleichzeitig enthüllte sich während der Abnutzungsschlacht um Stalingrad eine sehr merkwürdige, aber typisch hitlerische Propaganda-Strategie. Stalingrad wurde als großer Sieg deklariert. Als Hitler in Berlin Ende September das Kriegs-Winterhilfswerk 1942/43 eröffnete, verkündete er, die deutsche Offensive habe vier Ziele gehabt: die Wegnahme der letzten großen Weizengebiete, des letzten „Restes Kohle“, die Eroberung oder Abschneidung der russischen Ölquellen und die Sperrung der Wolga als Verkehrsader. Über Stalingrad sagte er: „Und Sie können der Überzeugung sein, daß uns kein Mensch von dieser Stelle mehr wegbringen wird.“

Der Oberbefehlshaber der Luftwaffe, Reichsmarschall Göring, erklärte bei einer Großkundgebung zu Ehren des deutschen Landvolkes im Sportpalast in Berlin Anfang Oktober, von nun an würde alles besser werden.

Der kommende Winterfeldzug im Osten habe seine Schrecken verloren: „Diesmal sind wir gefeit, diesmal wissen wir, wie so ein russischer Winter aussieht ..." Göring beschäftigte sich in seiner Rede auch mit dem Generalstab, da Hitler inzwischen wegen dauernder grundlegender Meinungsverschiedenheiten über die Führung im Osten den Generalobersten Halder verabschiedet (24. 9. 1942) und den General der Infanterie Zeitzler zum neuen Generalstabschef des Heeres ernannt hatte. Er stellte fest, dass der nationalsozialistische Generalstabsoffizier nur „Hilfsarbeiter" der Führung sei, und betonte, man habe gottlob genügend „hervorragende Generale", wer nicht ausreiche, nicht hart oder stark genug sei, werde verabschiedet.

Schließlich ergriff Hitler im Löwenbräukeller in München am Abend des *8. November 1942* zur Gedenkfeier des Putsches von 1923 noch einmal das Wort und feierte wiederum die Einnahme des „gigantischen Umschlagplatzes" als Sieg. Er betonte, er habe diesen Platz nehmen wollen, weil man hier 30 Millionen Tonnen russischen Nachschubs abschneide: „Und wissen Sie – wir sind bescheiden – wir haben ihn nämlich ..." Am 12. September 1942 weilte General Paulus im Führerhauptquartier in Winniza. Er wies auf die Schwäche der Angriffsfront bei Stalingrad hin, auf die ungenügende Sicherung der Flanken. Er verlangte, bei den verbündeten Armeen müssten deutsche Divisionen als Korsettstangen eingezogen und deutsche Eingreifreserven bereitgestellt werden. Diese und ähnliche Forderungen und Warnungen hat die 6. Armee in der Folgezeit immer wieder geltend gemacht, Ende September durch den Verbindungsoffizier des OKH bei AOK 6, Major i.G. Menzel, späterhin über hochgestellte Besucher: den Besucher General der Nebeltruppen beim OKH, General Ochsner, den Chef des Wehrmachtsnachrichtenwesens General Fellgiebel und den Chefadjutanten der Wehrmacht Generalleutnant Schmundt. Paulus nahm Schmundt an der Nordfront mit nach vorn, wo der Gegner gerade über den Don hinweg bei der 376. Division einen tiefen Einbruch erzielt hatte, um ihm den Ernst der Situation zu erläutern.

Doch Hitler verstand es immer wieder, Besuchern der Front Vertrauen

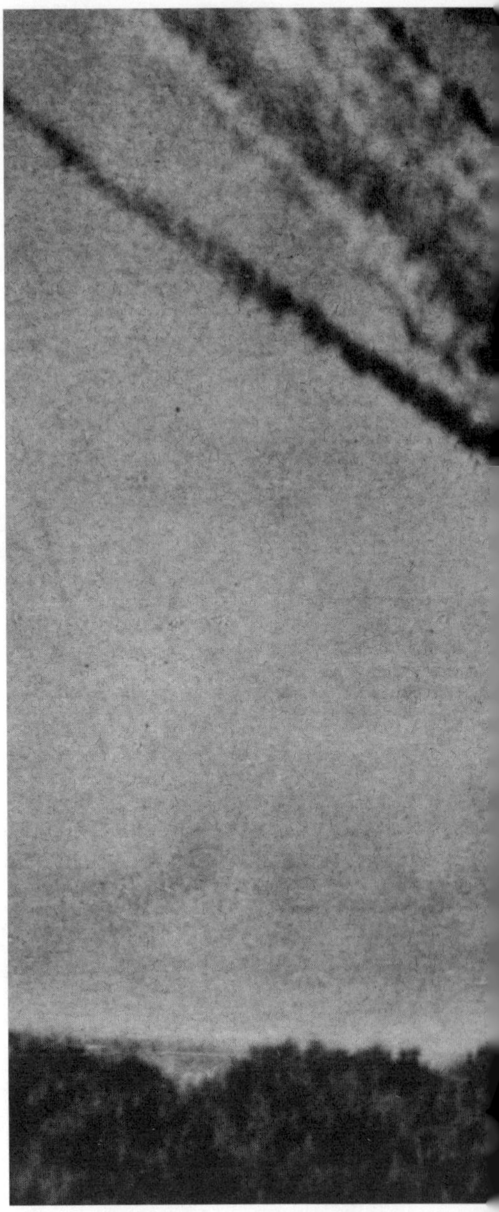

Bild oben: Raketenwerfer des Typs „Katjuschka", im Landser-Jargon „Stalinorgel" genannt, feuern aus allen Rohren. Linke Seite: Während Jeremenko für die militärischen Maßnahmen verantwortlich war, gehörte die propagandistische Kriegsführung zum Aufgabenbereich des politischen Kommissars Nikita Chruschtschow: „Steht wie eine Mauer vor den Toren der Stadt" – mit solchen Parolen erklärte er die Abwehr des faschistischen Angriffs zur

Ehrenaufgabe jedes Kommunisten, für die es notfalls auch den Heldentod zu sterben lohne. Seine Appelle rührten aber vor allem an den Patriotismus und den Nationalstolz der Stalingrader Bevölkerung: „Wir wenden uns an Euch, um Euch zuzurufen, unser Stalingrad, die heiligen Ufer unseres in soviel Liedern besungenen Wolgastrandes, standhaft, unbeugsam, bis zum letzten Blutstropfen zu verteidigen. Keinen Schritt zurück.“

einzuflößen. Gerade schwächere Naturen wie Paulus unterlagen dieser Beeinflussungsgabe. Und außerdem war bislang noch immer alles gut gegangen. Man hatte im Osten ungezählte schwierige Situationen bestanden. Der deutsche Soldat, die deutsche Führung hatten sich noch immer als überlegen erwiesen. Sie hatten auch in diesem Sommerfeldzug wieder fast das Unmögliche möglich gemacht.

Jedenfalls nahm Paulus von dem Besuch in Winniza erneut die Überzeugung mit, dass der „Führer“ der Behauptung des Eckpfeilers an der Wolga fundamentale Bedeutung beimaß.

Generaloberst Halder hatte seine letzte Pflicht zu erfüllen versucht, als er immer wieder auf die innere Unmöglichkeit der keilförmig auf Stalingrad vorgetriebenen Angriffsfront hingewiesen hatte. Hitler hatte ihn dafür als Schulmeister und Nörgler bezeichnet. Derselbe Hitler, dafür bietet das Kriegstagebuch des Wehrmachtsführungsstabes immer wieder Hinweise, erkannte durchaus die Gefahren, die in der ungenügenden Flankensicherung der 6. Armee lagen. Nur zog er keine Konsequenzen aus der eigenen Erkenntnis. Im Grunde musste man sich spätestens im September entscheiden, was man wollte: Man musste entweder Stalin-

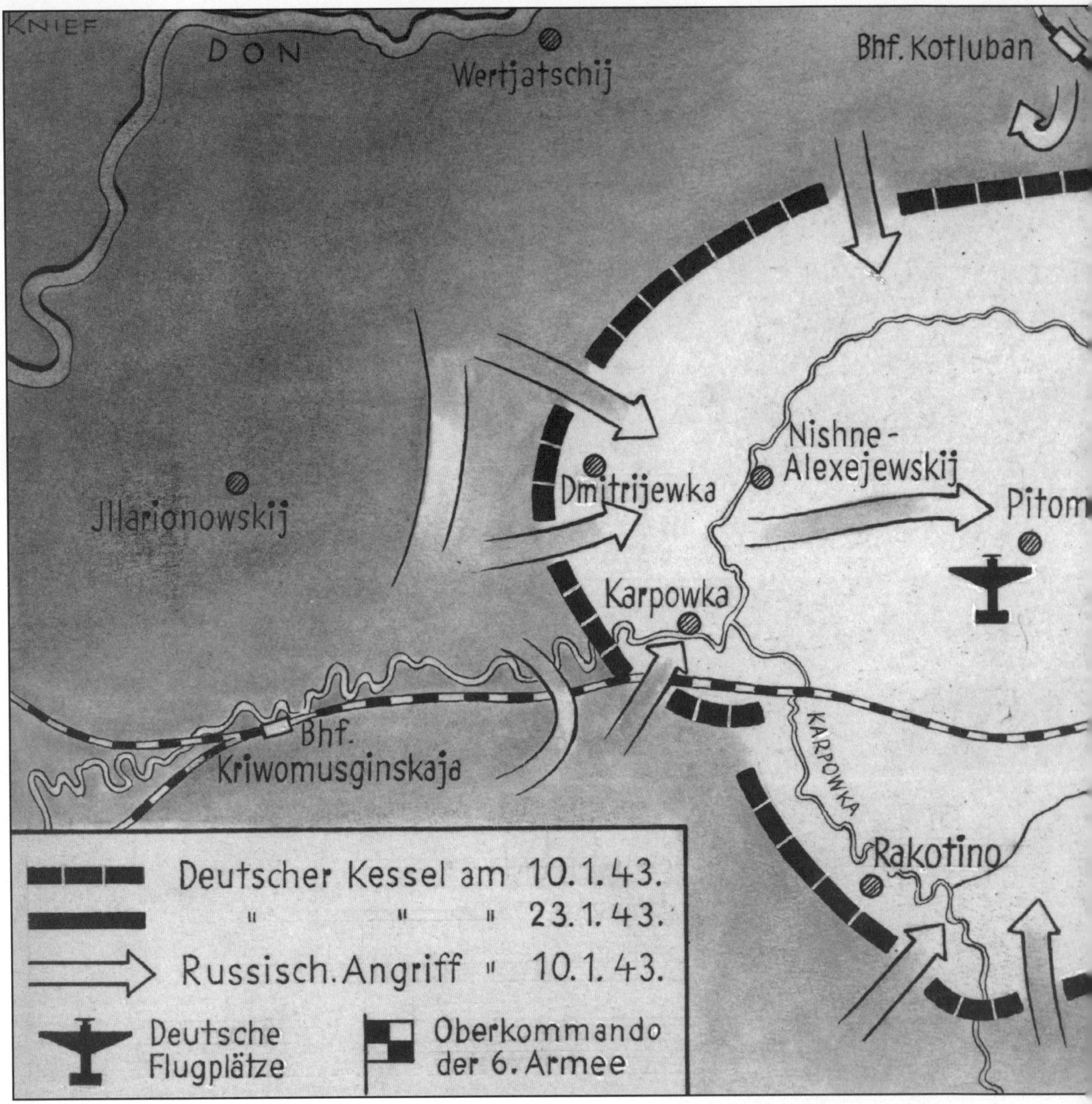

grad oder den Feldzug im Kaukasus aufgeben. Oder man musste sich entscheiden, sämtliche verfügbaren Reserven an die südliche Ostfront zu verlegen, um die Anfangserfolge zu behaupten. Nichts von alledem geschah.

Eine der letzten Tagebucheintragungen Halders als Generalstabschef lautete, bei Stalingrad mache sich allmählich ein „*Ausbrennen der Angriffstruppe*" bemerkbar. Bei der abgekämpften 6. Armee sank die Kompaniestärke im Durchschnitt auf weniger als 60 Mann. Die Panzer-Divisionen verfügten jeweils noch über 60 bis 80 einsatzfähige Panzer. Bereits Ende September empfahl Halders Nachfolger, General Zeitzler, die Einstellung der Angriffe auf Stalingrad. General Paulus befürwortete die gleiche Maßnahme. Er forderte drei frische Infanterie-Divisionen an. Alles, was er erhielt, waren fünf aus der Heimat eingeflogene Pionierbataillone für den zermürbenden Häuserkampf in der Stadt, der auf Befehl Hitlers weitergeführt wurde, um den Gegner endlich über die Wolga zurückzuwerfen.

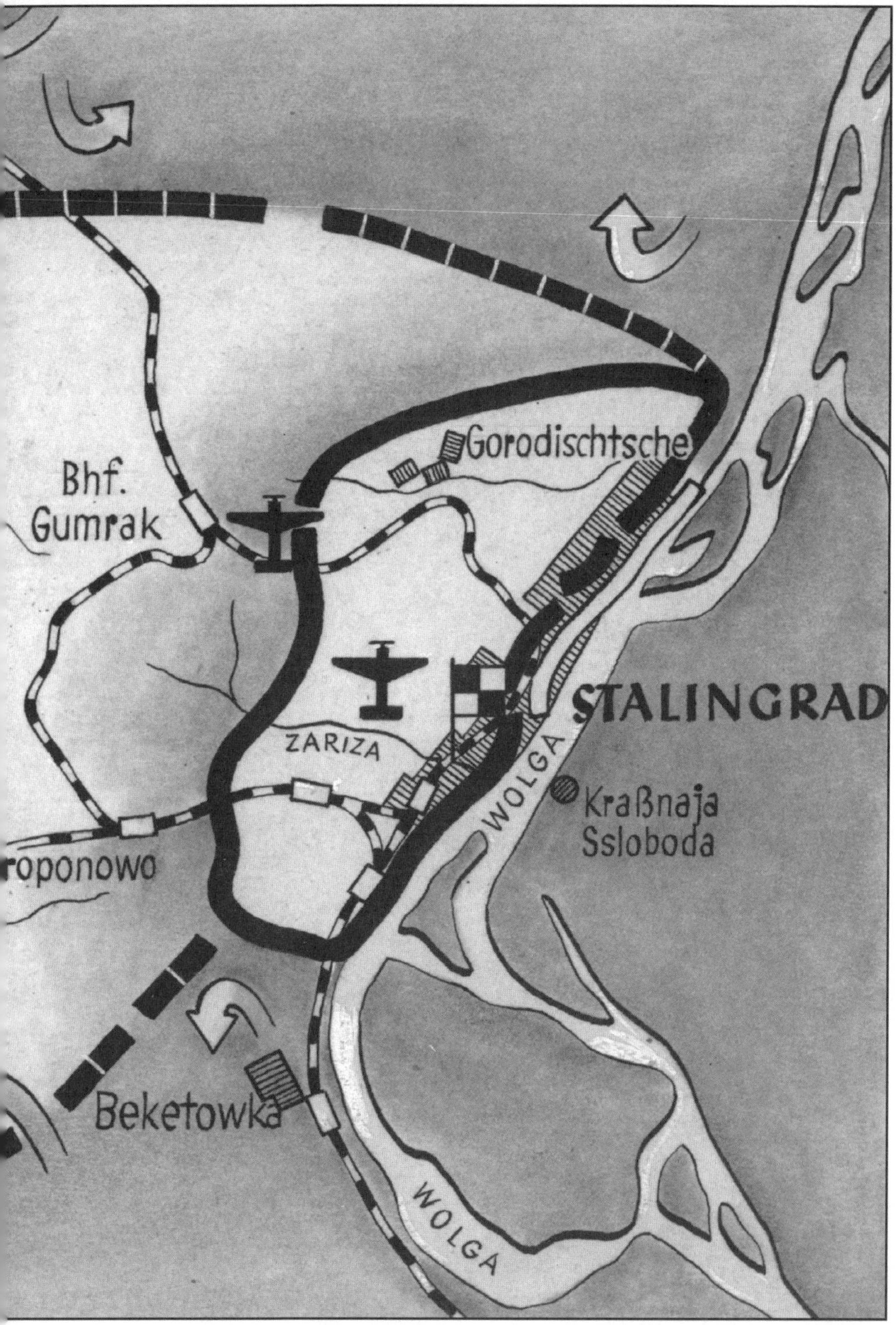

Lageskizze vom Kessel Stalingrad, aus dem es wegen der kompromisslosen Devise Hitlers „Halten um jeden Preis“ für die verzweifelt kämpfenden Soldaten der 6. Armee kein Entrinnen geben sollte.

Auf den Flügeln der 6. Armee wurden freilich im Oktober und November zwei rumänische Armeen, die 3. unter Gen. Oberst Dumitrescu im Norden und die 4. unter General Constantinescu im Süden, eingeschoben. Aber diese Armeen bestanden einzig aus Infanterie- und Kavallerieverbänden ohne schwere und geeignete panzerbrechende Waffen. Als Eingreifverband hinter der 3. rumänischen Armee in der Nordflanke gab die 6. Armee das Generalkommando XXXXVIII. Panzer-Korps frei, dessen bisherige Verbände, die 14. Panzer- und 29. motorisierte Division, anderweitig eingesetzt waren. Aber die Einheiten, die dem Generalkommando zugewiesen wurden, die 22. deutsche Panzer-Division mit etwa 40 meist leichten Panzern und die 1. rumänische Panzer-Division mit etwa 45 tschechischen leichten Skoda-Panzern, stellten keine große Kampfkraft dar.

Während in Stalingrad der Kampf um Häuserblocks, um die großen Fabrikanlagen, das Traktorenwerk „Dschersinskij“, die Geschützfabrik „Barrikady“, das Hüttenwerk „Roter Oktober“ fortging, während man sich im Führerhauptquartier endlich entschloss, das Unternehmen „Nordlicht“ aufzugeben, wurde mit dem Monat Oktober mehr und mehr ein großer sowjetischer Aufmarsch östlich und nördlich von Wolga und Don, beiderseits Stalingrads, erkennbar. Im Raum Stalingrad wurden zwei „Fronten“ (Heeresgruppen) gebildet, im Süden die „Stalingrad-Front“ des Generalobersten Jeromenko, im Norden die „Don-Front“ unter Generalleutnant Rokossowski. Es war unschwer zu ermessen, dass der Gegner eine Zangenoperation plante; Oberbefehlshaber und Chef der 6. Armee haben dies auch richtig erkannt und gewarnt, nur waren ihnen die Hände gebunden.

Ende Oktober waren jedenfalls die sowjetischen Angriffsvorbereitungen bereits überdeutlich geworden. Bei den Lagebesprechungen im Führerhauptquartier beschäftigte Hitler immer wieder die Idee, die Sowjets könnten bei den italienischen Truppen am Don angreifen. Er gab alle möglichen Anweisungen: Anlage von Riegelstellungen hinter der Front am Don, Luftangriffe auf sowjetische Brückenschläge über den Don und nördlich des Don vermutete Bereitstellungen, die Verlegung von neu aufgestellten Luftwaffen-Feld-Divisionen an die Abschnitte der verbündeten Armeen, ohne eigentlich zu fra-

Festungsgebiet Stalingrad

Der Briefwechsel vom 26. und 27. November 1942 zwischen Paulus und v. Manstein zeigt die bedrohliche Lage der 6. Armee:

Hochverehrter Herr Feldmarschall!
I. Ich danke gehorsamst für den Funkspruch vom 24. XI. und die in Aussicht gestellte Hilfe. Zur Beurteilung meiner Lage darf ich folgendes melden:
1. Als am 18. XI. die russ. Großangriffe auf die rechten und linken Nachbarn der Armee einsetzten, waren im Verlauf von 2 Tagen die beiden Flanken der Armee offen, in die der Russe mit beweglichen Kräften schnell vorging. Die nach Westen über den Don vorziehenden, eigenen, schnellen Verbände (XIV. Pz.K.) trafen mit ihren Spitzen westlich des Don auf überlegenen Feind und kamen in eine sehr schwierige Lage, zumal sie durch Betriebsstoffmangel stark in ihrer Beweglichkeit gehemmt waren. Gleichzeitig marschierte der Feind in den Rücken des XI. Korps, das befehlsmäßig in vollem Umfange seine Stellung mit der Front nach Norden gehalten hatte. Da irgendwelche Kräfte aus der Front zur Abwehr dieser Gefahr nicht mehr herauszuziehen waren, blieb gar nichts anderes übrig, als den linken Flügel des XI. A.K. nach Süden umzuklappen und im weiteren Verlauf das XI. A.K. zunächst in eine Brückenkopfstellung westl. des Don zurückgehen zu lassen, damit nicht die westl. des Don stehenden Teile von der Masse abgesplittert wurden.
In die Durchführung dieser Maßnahmen traf ein Führerbefehl ein, der den Angriff mit XIV. Pz.K. mit linkem Flügel auf Dobrinskaja forderte. Dieser Befehl war durch die Ereignisse überholt. Ich konnte ihn also nicht befolgen.
2. Am 22. früh wurde mir auch das IV. A.K., bisher bei Pz.A.O.K. 4, unterstellt. Der rechte Flügel des IV. A.K. war im Zurückgehen von Süden nach Norden über Businowka. Damit war die ganze Süd- und Südwestflanke offen. Wollte man nicht den Russen ungehindert in den Rücken der Armee Richtung Stalingrad hereinmarschieren lassen, so blieb gar nichts anderes übrig, als Kräfte aus Stalingrad und der Nordfront herauszuziehen. Diese konnten vielleicht noch rechtzeitig herangeführt werden, während dies mit Kräften aus dem Gebiet westl. des Don nicht durchführbar war.
Mit den aus der Stalingrad-Front zum IV. A.K. herangeführten Kräften gelang es dem IV. A.K., eine schwache Südfront mit Westflügel bei Marinowka aufzubauen, in die jedoch am 23. mehrere Feindeinbrüche erfolgten, Ausgang noch ungewiß. Am 23. nachm. wurden stärkere feindl. Panzerverbände, darunter allein 100 Pz. in Gegend westl. Marinowka erkannt und mehrfach bestätigt. Im ganzen Raum zwischen Marinowka und dem Don standen nur dünne deutsche Sicherungen. Der Weg Richtung Stalingrad war für die russ. Pz. u. mot. Kräfte wieder frei, ebenso wie Richtung Pestkowatka gegen die Don-Brücken.
Von vorgesetzten Stellen hatte ich seit 36 Stunden keine Befehle oder Nachrichten bekommen. Ich konnte in wendigen Stunden vor folgender Lage stehen:
a) entweder mit der West- und Nordfront stehen zu bleiben und mit anzusehen, wie die Armeefront binnen kürzester Frist von hinten aufgerollt wurde, dabei aber formal dem mir gewordenen Befehl zum Halten gehorsam zu sein, oder
b) den in solcher Lage einzig möglichen Entschluß zu fassen, sich mit aller Kraft gegen den Feind zu wenden, der die Armee von rückwärts zu erdolchen im Begriff war. Daß bei diesem Entschluß die Ost- und Nordfront nicht mehr zu halten ist und im weiteren Verlauf dann nur noch ein Durchbrechen nach Südwesten in

Generalfeldmarschall Friedrich Paulus.

Frage kommt, ist selbstverständlich. Im Falle b) werde ich zwar der Lage gerecht, mache mich aber – dann zum 2ten Mal – des Ungehorsams gegen einen Befehl schuldig.
3. In dieser schwierigen Lage sandte ich an den Führer einen Funkspruch mit der Bitte, mir Handlungsfreiheit für einen solchen letzten Entschluß zu geben, wenn er nötig wird. Ich suchte in einer solchen Vollmacht einen Rückhalt, der mich davor bewahren sollte, den in gegebener Lage einzig möglichen Befehl zu spät zu geben. Daß ich einen solchen Befehl nur im alleräußersten Notfall und nicht zu früh geben würde, dafür kann ich keinen Beweis erbringen, sondern nur Vertrauen erbitten.
Ich habe auf diesen Funkspruch keine unmittelbare Antwort erhalten. Dagegen sind heute zwei Funksprüche des O.K.H. eingegangen, die mich weiter einengen. Ich darf dazu melden, daß sowohl ich wie alle meine Kdre. von dem festen Willen zum Aushalten bis zum Letzten durchdrungen sind.
Bei der Verantwortung, die ich aber dem Führer gegenüber für die mir anvertrauten immerhin rund 300.000 Mann habe, ist es verständlich, wenn ich gebeten habe, mir für den alleräußersten Fall die Genehmigung zum Handeln nach Lage zu geben. Die geschilderte Situation kann im übrigen täglich und stündlich wieder eintreten.
II. Die Lage von heute wird auf Karte übersandt. Wenn auch der Südwestfront weitere Kräfte zugeführt werden konnten, so ist die Lage dort doch noch angespannt. Die Südfront (IV. A.K.) hat sich etwas gefestigt und die ganzen letzten Tage über schwere feindl. Infanterie und Panzerangriffe abgeschlagen, allerdings unter erheblichen eigenen Verlusten und hohem Munitionsverbrauch.
Die Stalingradfront erwehrt sich tägl. eines starken Feinddruckes. An der Nordfront sind Schwierigkeiten an der Nordostecke (94. I.D.) und am Westflügel (76. I.D.). Die Hauptangriffe an der Nordfront stehen meiner Ansicht nach erst bevor, da der Gegner hier Eisenbahn u. Straßen für Heranführen von Verstärkung besitzt. Der Nordfront von Westen her Verstärkung zuzuführen, wird meine Sorge der nächsten Tage sein.
Die seit 3 Tagen durchgeführte Luftversorgung brachte nur kleine Bruchteile des errechneten Mindestbedarfs.
Die Versorgung kann schon in den nächsten Tagen zu einer äußerst ernsten Krise führen. Ich glaube trotzdem, daß sich die Armee einige Zeit halten kann. Ob allerdings die täglich wachsende Schwäche der Armee, dazu der Mangel an Unterkünften, Bau und Brennholz ein Halten des Raumes um Stalingrad – auch wenn etwa ein Korridor zu mir durchgeschlagen wird – für längere Zeit möglich machen kann, ist noch nicht voll zu übersehen.
Da ich täglich von vielen verständlichen Anfragen für die Zukunft bestürmt werde, wäre ich dankbar, wenn mir mehr als bisher Unterlagen zugänglich gemacht würden, die ich für die Hebung der Zuversicht meiner Männer verwenden kann.
Ich darf melden, daß ich in Ihrer Führung, Herr Feldmarschall, die Gewähr sehe, daß alles geschieht, um der 6. Armee zu helfen.
Meine Kdre. und meine braven Männer werden ihrerseits mit mir alles tun, um Ihr Vertrauen zu rechtfertigen.

Ihr, Herr Feldmarschall,

gehorsamer
Paulus

Generalfeldmarschall Erich v. Manstein sollte mit der „Operation Wintergewitter“ die 6. Armee in Stalingrad entsetzen.

Stellungnahme und Antwort v. Mansteins an Paulus vom 27. November 1942 auf dessen Schreiben vom 26. November 1942:

(Stellungnahme)
1. Nachdem der Führer das Halten des „Festungsgebiets Stalingrad“ durch 6. Armee befohlen hat, ist der O.B. nur dafür verantwortlich, daß dieser Befehl mit allen Mitteln bis zum letzten ausgeführt wird. Die Verantwortung für das Schicksal der Armee im Rahmen dieser Aufgabe hat durch seinen Befehl der Führer dem O.B. abgenommen. Dieser hat es zu tragen, nicht zu verantworten.
2. In einer Lage wie der der 6. Armee gibt es nur zwei Wege. Der eine ist der befohlene, nämlich unter allen Umständen, mit allen Mitteln, bis zum letzten Schuß zu halten. Der zweite wäre der Durchbruch, gewollt, solange man dazu noch die Kraft und die Mittel hat.
Unmöglich dagegen ist der Gedanke, bei in der Verteidigung eintretender Krise „entkommen“ zu wollen. Das führt in jedem Fall zur Vernichtung der Armee.
3. Bei der von der H.Gr. beabsichtigen Operation zur Befreiung der 6. Armee wird in jedem Fall deren Mitwirkung, soweit irgend möglich, nötig sein. Hierzu sind alle Kräfte und Mittel, die nicht unabweisbar in der Abwehr gebraucht werden, zusammenzufassen bzw. aufzusparen.
4. Je klarer die H.Gr. von der Armee über ihre Kräfte und Mittel unterrichtet wird, desto besser kann sie helfen, desto zutreffender wird die Entscheidung, was nach Herstellen der Verbindung zu geschehen hat, ausfallen.

gez. v. Manstein

(Anwort)
Lieber Paulus!
Ich erhielt gestern Ihren Brief und heute den mündl. Bericht des General Pickert.
Ich habe vollstes Verständnis für Ihre Sorgen und den Druck der Verantwortung, unter dem Sie stehen.
Sie können aber fest darauf vertrauen (und ich bitte Sie, dies auch Ihren Unterführern zu übermitteln), daß von uns aus alles geschehen wird, was nur menschenmöglich ist, um der Armee so schnell und so viel zu helfen, wie es die Lage erfordert.
Über unsere Mittel, Wege und Absichten wird Sie der Chef unterrichten. Ebenso über meine Auffassung zu Ihren Gedankengängen. Sie können versichert sein, daß wir uns über die Lage der Armee auch im einzelnen klar sind und auch genau so an den Führer melden.
Zum Schluß noch eins: Der Befehl des Führers entlastet Sie von der Verantwortung, die über die zweckmäßigste und willensstärkste Durchführung des Befehls des Führers hinausgeht. Was wird, wenn die Armee in Erfüllung des Befehls des Führers die letzte Patrone verschossen haben sollte, dafür sind Sie nicht verantwortlich! Im übrigen werden wir Sie nicht im Stich lassen!
Ihr
gez. v. Manstein

gen, was davon ausführbar und was nicht ausführbar war.
Vorläufig jedoch war daran gedacht, den viel zu großen Bereich der Heeresgruppe B, die zur Zeit sieben Armeen zu führen hatte, aufzugliedern. Die deutschen und rumänischen Armeen an der Wolga-Don-Front sollten unter dem rumänischen Stabschef Marschall Antonescu zum „Heeresgruppen-Kommando Don" zusammengefasst werden. Von dieser Maßnahme versprach man sich bei der 6. Armee endlich Abhilfe. Dem Einfluss Antonescus, der bei Hitler viel galt, musste es gelingen, die Ausrüstung der rumänischen Flügelarmeen zu vervollständigen. Einstweilen nutzten freilich weder Mahnungen des Generalobersten Dumitrescu (OB der 3. rumänischen Armee) noch der deutschen Heeresmission Rumänien (General Hauffe) noch Forderungen Antonescus etwas, obwohl Paulus gerade auf die Intervention Dumitrescus einige Hoffnungen gesetzt hatte.
Einstweilen unterstanden somit – vor der November-Katastrophe – der Heeresgruppe B in Starobelsk am Aidar, einem Nebenfluss des Donez, sieben Armeen: vom rechten zum linken Flügel die 4. rumänische Armee, die 4. Panzer-Armee, die 6. Armee, die 3. rumänische Armee, die 8. italienische Armee, die 2. ungarische Armee und die 2. deutsche Armee. Tief im Süden hielt in der Kalmückensteppe im Raum Elista eine einzige motorisierte deutsche Division die Fühlung zur Heeresgruppe A aufrecht. Die Reserven der Heeresgruppe B waren das bereits erwähnte XXXXVIII. Panzer-Korps und eine

Bild links: Sowjetische Scharfschützen nehmen den Gegner ins Visier. Oft haben deutsche Offiziere ihre Schulterstücke entfent, da sie die bevorzugten Ziele des russischen Gegners waren.

Rechte Seite: In Stalingrad waren die Fronten so eng zusammengerückt, dass sich deutsche Soldaten sogar vor der eigenen Luftwaffe in Acht nehmen mussten.

5cm
5cm

Am 19. November 1942 begann die groß angelegte sowjetische Zangenoffensive zur Einschließung der 6. deutschen Armee in Stalingrad. Hitler verbot, nicht zuletzt durch Görings Versprechungen einer ausreichenden Luftversorgung geleitet, den zunächst noch möglichen Ausbruch und ließ im Gegenteil noch Verstärkungen in den Kessel fliegen.

Bild oben: Flug in die Hölle – Landser auf dem Weg nach Stalingrad, zur Verstärkung der Eingeschlossenen.
Bilder linke Seite: Verladung von Versorgungsbomben und Kisten (oben) aus einem deutschen Versorgungslager für die 6. Armee (unten).

einzige Infanterie-Division hinter der italienischen Front.
Mitte November 1942 erhielt Paulus einen Funkspruch Hitlers, er erwarte von der bewährten Führung der 6. Armee und der Tapferkeit ihrer Soldaten eine letzte Kraftanstrengung, um sich im gesamten Stadtgebiet von Stalingrad in den Besitz des Wolga-Ufers zu setzten.
Inzwischen war Hitler von Winniza nach der „Wolfsschanze" bei Rastenburg übergesiedelt und hatte sich von dort zu den Gedenkfeiern für den 8. /9. November 1923 nach München und dann weiter auf den Berghof am Obersalzberg begeben. Rommels Armee ging nach Libyen zurück. Am 8. November waren starke englisch-amerikanische Kräfte in Marokko und Algerien gelandet. Am 11. November wurde das Unternehmen „Anton" eingeleitet, die Besetzung ganz Frankreichs. Italienische und deutsche Verbände wurden eilends nach Tunis geworfen. Stalingrad, in der bereits winterlichen Wolga-Steppe, schien plötzlich eine Angelegenheit zweiten Ranges geworden zu sein. Da kam am 19. November vom Chef des Generalstabes des Heeres aus Ostpreußen die Meldung auf den Berghof: Die „vom Führer seit langem erwartete" russische Offensive habe begonnen.
Am 19. November 1942, um 5 Uhr morgens traten nach starker Artillerievorbereitung die 21., 65. Schützen- und 5. sowjetische Panzer-Armee aus den Brückenköpfen bei Kletskaja und Serafimowitsch zum Angriff gegen die 3. rumänische Armee an, die unter der Wucht des sowjetischen Angriffes, starker Panzerkräfte mit aufgesessener Infanterie, zerbrach. Der Angriff, absichtlich weit vom linken Flügel der 6. Armee abgesetzt, führte die sowjetische Pan-

zer-Armee schon am Abend dieses Tages in der verschneiten Steppe mit Spitzen bis auf etwa 60 Kilometer Tiefe an den Oberlauf des Tschir, im Rücken der rumänischen Armee.
Der sofort eingeleitete Einsatz des XXXXVIII. Panzer-Korps, der Heeresgruppen-Reserve, hatte bei der Schwäche dieses Verbandes keinen Erfolg. Das Korps, das auch noch mehrfach durch Befehle Hitlers vom Berghof über die Heeresgruppe B mit neuen Kampfaufträgen bedacht wurde, litt bald unter Treibstoffmangel und verlor bis zum 21. November bei verzettelten Gegenstößen rund die Hälfte seiner etwa 80-90 Panzer.
Am 20. November erfolgte südlich von Stalingrad aus dem Raum von Beketowka heraus ein vernichtender Angriff der sowjetischen 51. und 57. Schützen-Armee auf die 4. rumänische Armee, die den Sowjets gleichfalls nicht gewachsen waren.
Hitlers erste Maßnahme in diesen Tagen war, was die Ostfront anlangte, personeller Natur. Er gab die Führung der Heeresgruppe A an den Generalobersten v. Kleist ab und befahl v. Manstein, er solle mit dem Stab AOK 11 als Heeresgruppenkommando Don die Führung der deutschen und rumänischen Verbände im Wolga-Don-Bereich übernehmen. Aber v. Manstein, auf Frontfahrt bei der Heeresgruppe Mitte

begriffen, durch die Wetterlage am Fliegen verhindert und zweimal bei der Bahnfahrt durch Minenanschläge von sowjetischen Partisanen auf seinen Zug aufgehalten, konnte zuvorderst gar nicht eingreifen. Er traf erst am 24. November beim General Frhr. v. Weichs in Starobelsk ein – und da waren die Entscheidungen bereits gefallen!

Immerhin befahl die Heeresgruppe B bereits am Abend des 19. November, die Armee sollte die Angriffshandlungen in Stalingrad einstellen und schnelle Verbände unter dem Generalkommando XIV. Panzer-Korps (General Hube) hinter ihrem linken Flügel westlich des Don zum Gegenangriff versammeln.

Erst am 21. November erkannte man in Golubinskaja den tödlichen Ernst der Lage. Sowjetische Panzer, die ursprünglich in Richtung Kalatsch vorgestoßen waren, dort Feuer bekommen hatten und abgeschwenkt waren, erschienen wenige Kilometer vor dem Armee-Gefechtsstand.

Schlimmer noch – andere sowjetische Panzer der nördlichen Angriffsgruppe nahmen die Don-Brücke bei Kalatsch und unterbanden damit die Nachschublinie der 6. Armee. Mittags wurde der Armeegefechtsstand nach dem Bahnhof Gumrak westlich von Stalingrad verlegt. Der Oberbefehlshaber und der Chef begaben sich vorübergehend nach Nischne-Tschirskaja am Don, um hier den Aufbau der Don-Front zu leiten.

Die Frage war, was geschehen musste und was geschehen konnte? Wollte die Armee nicht riskieren, in kürzester Frist durch einen Angriff im Rücken vernichtet zu werden, musste man schnellstens eine Südfront aufbauen. Dies war auch die Voraussetzung für den Ausbruch nach Süden zu den abgedrängten Teilen der Armee Hoth. Zum Ausbruch konnte man freilich erst antreten, wenn die auf dem Westufer des Don kämpfenden Teile der 6. Armee (XI. Korps und XIV. Panzer-Korps) den Don nach Osten überschritten hatten, das hieß keinesfalls vor dem 26. November. In jedem Falle musste man sich zunächst „einigeln“, um Zeit zur Umgruppierung für den Ausbruch zu gewinnen.

Am Nachmittag des 21. November telephonierte Generalmajor Schmidt mit dem Chef der Heeresgruppe B,

Bild oben: Russen in einer gestürmten deutschen Stellung. Links der Stahlhelm eines zurückgedrängten deutschen Soldaten, rechts die Leiche eines gefallenen Rotarmisten.

Rechts: Hinter Schutthalden verschanzt zwei deutsche Pioniere mit ihren Maschinenpistolen.

„Schlagen, schlagen und wieder schlagen“

Anlässlich des Gedenkens an den Putsch von 1923 sprach Hitler am 8. November 1942 im Münchener Löwenbräukeller zu den „alten Kämpfern“ und an „Meine deutschen Volksgenossen und -genossinnen“:

Daß ich die Sachen nun nicht immer so machte, wie die anderen es gerade wollten – ja, ich überlege mir eben, was die anderen wahrscheinlich glaubten, und mache es dann grundsätzlich anders. Wenn also Herr Stalin erwartet hat, daß wir in der Mitte angreifen – ich wollte gar nicht in der Mitte angreifen. Nicht nur deswegen nicht, weil vielleicht Herr Stalin daran glaubte, sondern weil mir daran gar nicht so viel lag. Ich wollte zur Wolga kommen, und zwar an einer bestimmten Stelle, an einer bestimmten Stadt. Zufälligerweise trägt sie den Namen von Stalin selber. Aber denken Sie nur nicht, daß ich aus diesem Grund dorthin marschiert bin – sie könnte auch ganz anders heißen –, sondern weil dort ein ganz wichtiger Punkt ist. Dort schneidet man nämlich 30 Millionen Tonnen Verkehr ab, darunter fast 9 Millionen Tonnen Ölverkehr. Dort floß der ganze Weizen aus diesen gewaltigen Gebieten der Ukraine, des Kuban-Gebietes, zusammen, um nach Norden transportiert zu werden. Dort ist das Manganerz befördert worden; dort war ein gigantischer Umschlagplatz. Den wollte ich nehmen und – wissen Sie – wir sind bescheiden, wir haben ihn nämlich! Es sind nur ein paar ganz kleine Plätzchen da. Nun sagen die anderen: „Warum kämpfen Sie dann nicht schneller?“ – Weil ich dort kein zweites Verdun haben will, sondern es lieber mit ganz kleinen Stoßtrupps mache. Die Zeit spielt dabei gar keine Rolle. Es kommt kein Schiff mehr die Wolga hoch. Und das ist das Entscheidende!
Sie haben uns auch den Vorwurf gemacht, warum wir bei Sewastopol so lange warteten. Nun, weil ich auch dort nicht ein gigantisches Massenmorden ansetzen wollte. Aber Sewastopol ist in unsere Hand gefallen, und die Krim ist in unsere Hand gefallen, und wir haben Ziel um Ziel zäh beharrlich erreicht. Und wenn nun der Gegner seinerseits Anstalten macht, anzugreifen – glauben Sie nur nicht, daß ich ihm zuvorkommen will. Wir lassen ihn angreifen, wenn er will, denn die Verteidigung ist dann immer noch billiger. Er soll ruhig angreifen, er wird sich dabei schwer ausbluten, und wir haben Einbrüche noch immer korrigiert. Jedenfalls stehen nicht die Russen an den Pyrenäen oder vor Sevilla – das sind nämlich dieselben Entfernungen wie für uns heute bis nach Stalingrad, oder sagen wir, bis zum Terek. Und wir stehen doch dort, das kann am Ende nicht abgestritten werden, das ist doch eine Tatsache. Wenn es natürlich gar nicht mehr anders geht, dann stellt man sich plötzlich um und sagt, es sei überhaupt ein Fehler, daß die Deutschen nach Kirkenes gegangen sind, oder nach Narvik, oder jetzt z. B: nach Stalingrad. Man soll doch abwarten, ob das ein strategischer Fehler war. Wir merken es schon an sehr vielen Anzeichen, ob es ein Fehler war, daß wir die Ukraine besetzten, daß wir das Erzgebiet von Kriwoj Rog besetzten, daß wir die Manganerze in unsere Hand brachten. Ob es wirklich ein großer Fehler war, daß wir das Kuban-Gebiet, die vielleicht größte Kornkammer der Welt, behaupten, besetzten? Ob das auch ein Fehler war, daß wir wohl rund vier Fünftel oder fünf Sechstel aller Raffinerien zerstörten oder einnahmen, daß wir allein eine Produktion von 9 bis 10 Millionen Tonnen Öl zunächst einmal in unsere Hand brachten bzw. vollständig stillegten, oder daß wir einen weiteren Transport von vielleicht 7, 8 oder 9 Millionen Tonnen auf der Wolga verhindert haben? Ich weiß wirklich nicht, ob das alles nur Fehler waren. Wir merken es ja schon, wenn es den

Adolf Hitler am 8. November 1942 im Münchner Löwenbräu-Keller.

Engländern gelungen wäre, uns das Ruhrgebiet zu nehmen und den Rhein dazu und dann auch die Donau und noch die Elbe und dann auch Oberschlesien – das ist ungefähr das Donezgebiet und das Erzgebiet von Kriwoj Rog –, und wenn sie noch einen Teil unserer Petroleumquellen und nachher auch die Magdeburger Börde bekommen hätten, ob sie dann wohl auch sagen würden, daß das ein großer Fehler war, daß sie den Deutschen diese Sachen weggenommen hatten?
...
Es ist verständlich, daß man in einem so weltweiten Ringen, wie es sich heute uns darstellt, nicht damit rechnen kann, von Woche auf Woche einen neuen Erfolg zu bekommen. Das ist ein Ding der Unmöglichkeit. Es ist auch gar nicht entscheidend. Entscheidend ist, daß man allmählich die Positionen bezieht, die den Gegner vernichten müssen, und daß man sie auch hält, daß man sie so befestigt, daß sie nicht mehr genommen werden können. Und das kann man mir schon glauben: Was wir einmal besitzen, das halten wir dann auch tatsächlich so fest, daß dort, wo wir in diesem Kriege in Europa stehen, ein anderer nicht mehr hinkommt.
... Ich sehe gerade heute mit einer so großen Zuversicht in die Zukunft. Nachdem wir den vergangenen Winter überstanden haben, einen Winter, den man damals, als ich vor einem Jahr zu ihnen sprach, noch nicht in seiner ganzen furchtbaren Gefahr erkennen konnte. Damals lastete doch irgendwie auf vielen Menschen die Erinnerung an das napoleonische Schicksal von 1812. Und nun war der Winter von 1812 nur genau 50 Prozent so kalt als der Winter, den wir im vergangenen Jahr hinter uns gebracht haben. In diesem Jahre sind wir nun anders vorbereitet. Es mag auch in diesem Winter dem einen und anderen dies und jenes fehlen. Aber im großen sind wir für diesen Winter sicher anders gerüstet. Das kann ich sagen. Auch wenn er genau so schwer werden sollte wie der letzte. Alles das, was uns im vergangenem Winter passierte, passiert uns diesmal nicht mehr, und ich sagte schon einmal, ein großer Philosoph sprach das Wort, daß, wenn ein Stoß einen starken Mann nicht umwirft, er ihn dann nur stärker macht. Der Sturm, der uns im vergangenen Winter nicht umgeworfen hat, der hat auch uns nur stärker gemacht!
Ganz gleich wo immer auch die Fronten stehen – immer wieder wird Deutschland parieren und wird zum Angriff vorgehen, und ich zweifele keine Sekunde, daß unseren Fahnen am Ende der Erfolg beschieden sein wird.
Wenn heute Roosevelt seinen Angriff auf Nordafrika ausführt mit der Bemerkung, er müsse es vor Deutschland und Italien schützen, so braucht man über diese verlogene Phrase dieses alten Gangsters kein Wort zu verlieren. Er ist ohne Zweifel der Heuchlerischste dieses ganzen Klubs, der uns gegenübersteht. Aber das entscheidende und letzte Wort spricht sicherlich nicht Herr Roosevelt, davon kann er überzeugt sein. Wir werden alle unsere Schläge vorbereiten – wie immer gründlich –, und sie sind immer noch zur rechten Zeit gekommen, und kein Schlag, den der andere gegen uns zu führen gedachte, hat bisher zum Erfolg geführt. Es gab auch einmal ein Triumphgeschrei, als die ersten Engländer in Boulogne landeten und dann vorrückten. Und sechs Monate später ist dieses Triumphgeschrei vorbei gewesen. Es ist anders gekommen und wird auch hier anders kommen. Sie können das volle Vertrauen besitzen, daß Führung und Wehrmacht alles das tun, was getan werden muß und was getan werden kann. Ich habe die felsenfeste

Überzeugung, daß hinter Führung und Wehrmacht vor allem aber die deutsche Heimat steht und hinter mir besonders die ganze Nationalsozialistische Partei als eine verschworene Gemeinschaft!

...

Das, was die jetzige Zeit von der einstigen unterscheidet, ist eben doch das, daß damals hinter dem Kaiser kein Volk war, während hinter mir eine der großartigsten Organisationen steht, die je auf dieser Erde aufgebaut worden ist. Sie repräsentiert das deutsche Volk. Und was ferner die heutige Zeit von der damaligen unterscheidet, ist, daß an der Spitze dieses Volkes niemand steht, der jemals in kritischen Zeiten in das Ausland gehen würde, sondern daß an seiner Spitze jemand ist, der immer nur den Kampf und damit immer nur ein Prinzip gekannt hat: Schlagen, schlagen und wieder schlagen!

Und noch eines unterscheidet das heutige Deutschland vom damaligen: Damals hatte es eine Führung, die keine Wurzeln im Volke hatte, es war doch letzten Endes ein Klassenstaat gewesen. Heute sind wir mitten in der Vollendung dessen, was aus dem damaligen Krieg herausgewachsen ist. Denn als ich aus dem Kriege zurückkehrte, brachte ich das Fronterlebnis in die Heimat.

Aus diesem Fronterlebnis heraus baute ich mir meine nationalsozialistische Volksgemeinschaft auf. Heute tritt die nationalsozialistische Volksgemeinschaft an die Front, und Sie werden aus diesen Dingen bemerken, wie diese Wehrmacht von Monat zu Monat mehr nationalsozialistisch wird, wie sie immer mehr das Gepräge des neuen Deutschland annimmt, wie alle Vorrechte, Klassenvorurteile usw. immer mehr beseitigt werden, wie sich hier die deutsche Volksgemeinschaft von Monat zu Monat mehr durchsetzt und wie am Ende dieses Krieges die deutsche Volksgemeinschaft vielleicht ihre stärkste Bewährung erfahren haben wird – das unterscheidet das heutige Deutschland vom damaligen. Diesem Geist verdanken wir ein unermeßliches Heldentum an der Front, ein Heldentum von Millionen einzelner Soldaten, bekannter und unbekannter, ein Heldentum von Zehn- und Zehntausenden tapferer Offiziere, die sich heute mit ihren Männern auch immer mehr als eine Gemeinschaft fühlen. Sie sind zum Teil bereits aus dieser Gemeinschaft hervorgegangen. Wir haben ja alle Hemmnisse beseitigt. So wie in der Partei jeder jede Stellung erreichen kann, wenn er nur fähig ist, wie jedem, auch dem Ärmsten unseres Volkes, jede, auch die höchste Staatsstelle nunmehr offen ist, seit unsere Partei die Führung besitzt; so ist es genau auch in der Wehrmacht, und zwar nicht mehr nur theoretisch und als eine hie und da durchgeführte Ausnahme, sondern in der Praxis ist es heute so. Heute sind Unteroffiziere oder Gefreite Ritterkreuz- oder Eichenlaubträger. Zahllose Offiziere sind aus dem Mannschaftsstand hervorgegangen. Wir bauen uns ein Kriegsheer auf mitten im Kriege, wie es die Welt noch nie gesehen hat.

Und zu Hause, da arbeitet ein Volk, und das muß ich nun – ich habe es schon im Reichstag ausgesprochen – auch der deutschen Heimat bescheinigen: Im Jahr 1917 auf 18 der Streik in den Munitionsfabriken – und heute Überstunden, Arbeit über Arbeit! Heute weiß der deutsche Arbeiter zu Hause, daß er für seine Kameraden draußen die Waffen schmiedet. Was hier geschaffen wird auf dem Lande und in der Stadt, vom Mann und vor allem auch von unzähligen Frauen, das ist tatsächlich ungeheuer.

...

Heute steht vor uns das allen gemeinsame gewaltige große Reich in seinem Kampf um Sein oder Nichtsein unseres ganzen Volkes. Jeder Nationalsozialist, der damals an mich geglaubt hat, kann auch heute nur ein Fanatiker sein im Kampf nach außen. Er muß sich zur gleichen fanatischen Konsequenz durchringen, die wir damals schon hatten. Es gibt Gegner, bei denen gibt es kein Pardon, sondern es

Am 7. November 1942 ließ die sowjetische Führung einen Stalin gewidmeten Eid schwören: „Unter Ihrer Führung werden wir auch die große Schlacht von Stalingrad gewinnen.“

gibt nur eine einzige Möglichkeit: Entweder es fallen wir, oder es fällt dieser Gegner. Wir sind uns dessen bewußt, und wir sind Männer genug, dieser Erkenntnis eiskalt ins Auge zu sehen.

Sie erinnern sich an die lange Zeit, da wir als Parteigenossen legal sein mußten. Wie oft sind damals Parteigenossen zu mir gekommen und sagten: Führer – sie sagten damals zu mir „Chef“, oder sagten auch „Adolf Hitler“ – warum dürfen wir nicht zurückschlagen, warum müssen wir uns das bieten lassen? Ich mußte sie jahrelang zwingen, legal zu bleiben. Ich habe schmerzenden Herzens Parteigenossen aus der Bewegung ausschließen müssen, weil sie glaubten, diesem Befehl nicht folgen zu können, Jahr für Jahr, bis die Stunde gekommen ist, in der ich sie aufrufen konnte.

So ist es auch heute. Ich muß manchmal monatelang irgendwo zusehen. Glauben Sie nur nicht, daß mir dann nicht auch das Herz von Grimm zerfressen wird, wenn ich von diesen Luftangriffen höre. Sie wissen, ich habe lange Zeit das nicht getan. Ich habe zum Beispiel in Paris nicht eine Bombe in die Stadt werfen lassen. Ich habe, bevor wir Warschau angriffen, die Aufforderung zur Ergebung an sie gerichtet. Ich habe gebeten, man solle die Frauen und Kinder herausschicken. Nicht einmal der Parlamentär wurde von ihnen empfangen. Es wurde alles abgelehnt, und erst dann habe ich mich entschlossen, das zu tun, was nach jedem Kriegsrecht statthaft ist. Als England anfing, unsere Städte zu bombardieren, habe ich zunächst dreieinhalb Monate gewartet. Es gab schon damals viele, die sagten: „Warum wird nicht geantwortet, warum dürfen wir nicht zurückschlagen?“ Wir waren stark genug, es zu tun. Ich habe gewartet in der Meinung, es würde doch noch die Vernunft zurückkehren. Sie kam nicht. Glauben Sie, heute ist es nicht anders. Ich merke mir das alles genau. Sie werden es drüben noch erleben, daß der deutsche Erfindergeist nicht geruht hat, und sie werden eine Antwort bekommen, daß ihnen Hören und Sehen vergeht.

Ich habe schon früher einige Male gesagt: Wenn ich hier und da längere Zeit nicht rede, heißt das nicht, daß ich die Stimme verloren habe, sondern daß ich es nicht für zweckmäßig hielt zu reden. Auch heute ist das so. Was soll ich jetzt viel reden? Heute spricht letzten Endes die Front. Nur in den seltensten Fällen möchte ich das Wort ergreifen. Denn die Sprache der Front ist so eindringlich, ist eine so einmalige Sprache, daß sie ohnehin jeden einzelnen Deutschen verpflichtet. Wer den täglichen Bericht unserer Wehrmacht liest und sich dann nicht fanatisch zu seinem Volk bekennt, wenn er immer wieder diese Unsumme von Heldentaten vernimmt, dem würde auch durch Reden nicht zu helfen sein. Für das feindliche Ausland rede ich ohnehin nicht. Wenn Herr Roosevelt sagt, er hört meine Reden nicht – ich rede ja gar nicht für Herrn Roosevelt. Mit ihm rede ich nur durch das Instrument, durch das jetzt allein gesprochen werden kann, und dieses Instrument spricht laut und deutlich genug. Ich rede nur in den seltensten Fällen, zur Bewegung und zu meinem eigenen deutschen Volk. Und alles, was ich durch eine solche Rede sagen kann, ist immer nur eines: Denkt ausnahmslos, Mann und Weib, nur daran, daß in diesem Krieg Sein oder Nichtsein unseres Volkes entschieden wird. Und wenn Ihr das begreift, dann wird jeder Gedanke von Euch und jede Handlung immer nur ein Gebet für unser Deutschland sein!

General v. Sodenstern, und sagte ihm, die Lage bei der 3. rumänische Armee sei katastrophal. Sodenstern hatte keine Hilfe anzubieten und erwiderte: „Ihr müßt Euch selbst helfen“. Paulus schlug der Heeresgruppe in Starobelsk vor, die 6. Armee auf die Sehnenstellung Don – Tschir zurückzunehmen. Die Heeresgruppe war bereit zuzustimmen, als am Abend des 21. November ein Befehl vom OKH für das AOK 6 kam, der dem Sinn nach besagte: Stalingrad und die Wolgafront sind unter allen Umständen zu halten. Starke Kräfte der Armee sind zum Gegenangriff westlich des Don zu versammeln. Betont wurde, Gegenmaßnahmen im Großen seien eingeleitet, weitere Befehle würden folgen.

„Einigeln“ war also in jedem Falle zunächst notwendig, wollte man nicht von rückwärts her vernichtet werden. „Einigeln“ war notwendig, gerade wenn man die Vorbereitungen für die Aufgabe der bisherigen Position treffen wollte. Solange musste die Armee aus der Luft versorgt werden. Eine ausreichende Luftversorgung auf lange Sicht hielten freilich alle beteiligten Luftwaffenbefehlshaber, Generaloberst Frhr. v. Richthofen (Luftflotte 4), der Kommandierende General des bei Stalingrad eingesetzten VIII. Flieger-Korps, Generalmajor Fiebig, und der Kommandeur der 9. Flak-Division, Generalmajor Pickert, für möglich, weil die Lufttransportverbände dafür zu schwach waren.

Aber zunächst ging es für die beiden führenden Persönlichkeiten des AOK 6, Oberbefehlshaber und Chef, gar nicht primär um die Frage des Haltens, sondern um das Problem der Rettung der Armee und der Handlungsfreiheit. Am frühen Morgen des 22. November traf auf der Fahrt zur Heeresgruppe B der Oberbefehlshaber der 4. Panzer-Armee, Generaloberst Hoth, in Nischne-Tschirskaja ein. Auch er besaß nur einen groben Überblick über die Lage seiner Verbände. Sie waren durch die sowjeti-

Hüben und drüben wurde in den Trümmern von Stalingrad gnadenlos gekämpft. „Täglich“, berichtet ein Augenzeuge, „wurden einige Stellungen gestürmt, täglich wird der Feind – oder werden wir, je nach dem, wer darin sitzt – hinausgeworfen! Daß man es nur nehmen sollte, wenn man es auch halten kann, zu dieser Entscheidung waren bisher weder der Feind noch wir fähig.“

sche Süd-Offensivgruppe, die sich geteilt hatte, in zwei Richtungen auseinandergedrängt. Das IV. Korps (General der Pioniere Jaenecke) war auf die 6. Armee hin ausgewichen; das Gros, die Rumänen, ging auf Kotelnikowo in der Kalmückensteppe zurück.

Es war der Tag, an dem sich, von Nordwesten und Südosten kommend, stärkere sowjetische Panzerkräfte in der nur behelfsmäßig gesicherten Südwestflanke der 6. Armee im Raum Marinowka – Kalatsch vereinigten. Die Armee war nunmehr umstellt. Geschah nichts gegen diese Maßnahme des Gegners, konnte die „Umstellung“ zur tödlichen Umklammerung werden. Um 14 Uhr flogen Paulus und Schmidt von Nischne-Tschirskaja zu dem neuen Armeegefechtsstand beim Bahnhof Gumrak in den sich abzeichnenden Kessel. Es war bereits nicht mehr möglich, die Stellungen westlich des Don zu halten, wo das XI. Korps (General der Infanterie Strecker) und das XVI. Panzer-Korps (Hube) bei Kletskaja und Wertjatschi in schwere Kämpfe verwickelt waren. Daher wurde, entgegen der ersten OKH-Weisung, befohlen, die Verbände auf das Ostufer zurückzunehmen. Herrschten hier und an der Südfront beim IV. Korps schwere Kämpfe, so waren an der Nordfront beim LI. und VIII.

Korps nur stärkere Fesselungsangriffe zu verzeichnen.
In die Überlegungen, wie man handeln sollte, ob der Kessel zu halten war oder nicht, traf am Nachmittag des 22. November über die Heeresgruppe ein neuer OKH-Befehl ein: Aushalten und weitere Befehle abwarten. Paulus sagte darauf zu Schmidt: „Wir haben Zeit, um unseren Entschluß zu überlegen und wollen dies jeder für sich machen. Bitte kommen Sie in etwa einer Stunde wieder zu mir und geben Sie mir Ihre Beurteilung."
Beide trafen sich nach einer Stunde wieder. Beide waren, unabhängig von einander, zu der gleichen Schlussfolgerung gelangt: Man müsse mit der gesamten Armee nach Südwesten ausbrechen. Dazu brauchte man Zeit, mindestens bis zum 26. November.
Paulus holte die Ansicht der Kommandierenden Generale seiner Korps ein: Sie waren sämtlich für den Ausbruch. Er hatte auch am Nachmittag eine Unterredung mit dem General v. Seydlitz-Kurzbach vom LI. Korps. Seydlitz verlangte sehr erregt sofortiges Handeln ohne weitere Rückfragen bei der Heeresgruppe oder beim OKH.
Paulus hingegen meldete in der Nacht vom 22./23. November 1942 noch einmal die Lage. Er fasste seine Ansicht in fünf Punkte zusammen: Es sei zweifelhaft, ob die Bildung eines Kessels ohne vorbereitete Stellungen in der winterlichen Steppe

Obwohl die Deutschen (links) für den Winter besser gerüstet waren als zu Beginn des Krieges, waren ihnen hier die Russen (oben) doch überlegen. „Gerade der Winter", berichtet ein optimistischer Landser, „ist ja sein einziger Trumpf. Daß er aber, sobald der Winter vorüber ist, seine Trümpfe ausgespielt hat, und zwar so, daß er sie im nächsten Winter nicht wieder in die Hand nimmt, davon sind wir alle überzeugt."

möglich sei. Die eigenen Kräfte reichten für das Halten eines genügend großen Kessels nicht aus. Die Versorgungslage der Armee sei kritisch, Luftversorgung auf längere Zeit ausgeschlossen. Sämtliche Kommandierenden Generale seien für den Ausbruch nach Südwesten. Zum Schluss erbat Paulus sofortige Handlungsfreiheit. Die Meldung ging an die Heeresgruppe B und an das OKH.

Vom Führerhauptquartier hörte man in den nächsten 36 Stunden nichts mehr in Gumrak. Das lag vermutlich daran, dass am 22. November Hitler am Abend mit einem Sonderzug vom Obersalzberg nach Leipzig abreiste. Von dort begab er sich mit dem Flugzeug wieder nach der „Wolfsschanze" in Ostpreußen.

Inzwischen forderte Paulus mehrmals Handlungsfreiheit von der vorgesetzten Heeresgruppe B. Weichs und v. Sodenstern stimmten mit der Lagebeurteilung durch Paulus und Schmidt durchaus überein. Aber auch

„Es gibt keine andere Wahl"

Während Paulus sich strikt an die Befehle Hitlers hielt, vertrat General von Seydlitz die Auffassung, dass angesichts der bedrohlichen Lage in Stalingrad die Führung der 6. Armee die Pflicht habe, sich die Handlungsfreiheit selbst zu nehmen. Sein Schreiben vom 25. November 1942 an Paulus schildert die Situation.

In Besitz des Armee-Befehls vom 24. 11. 1942 für die Weiterführung des Kampfes (die 6. Armee habe sich einzuigeln) fühle ich mich im Bewußtsein des Ernstes der Stunde verpflichtet, meine Beurteilung, die durch die Nachrichten der letzen 24 Stunden nur noch bestärkt sind, noch einmal schriftlich niederzulegen.

Die Armee steht vor dem eindeutigen Entweder – Oder:

Durchbruch nach Südwesten in allgemeiner Richtung Kotelnikowo oder Untergang in wenigen Tagen.

Diese Erkenntnis beruht auf nüchterner Erkenntnis der tatsächlichen Gegebenheiten:

I. Da schon zu Beginn der Schlacht so gut wie gar keine Bevorratung auf irgendeinem Gebiete vorhanden war, ist die Versorgungslage bei der Entschlußfassung entscheidend ...

Schon die kleineren Abwehrkämpfe der letzten Tage haben die Munitionsbestände fühlbar absinken lassen. Wird das Korps, womit täglich gerechnet werden muß, auf ganzer Front angegriffen, so wird es sich in ein, zwei oder drei Tagen vollständig verschließen. Es ist kaum anzunehmen, daß die Munitionslage bei den bereits seit Tagen im Großkampf stehenden anderen Korps der Armee besser ist.

Aus der angestellten Berechnung ergibt sich, daß eine genügende Versorgung auf dem Luftweg schon für das LI. A.K. fraglich, für die Armee also völlig ausgeschlossen ist. Was 31 Ju (am 23. 11.) oder die erst in Aussicht gestellten weiteren hundert Ju bringen können, ist nur ein Tropfen. Hoffnung daran knüpfen bedeutet, sich an einem Strohalm festhalten. Woher die für die Versorgung der Armee benötigte große Zahl Ju genommen werden soll, ist nicht ersichtlich. Wenn sie überhaupt vorhanden ist, müssen die Maschinen aus ganz Europa und Nord erst zusammengeflogen werden. Ihr eigener Brennstoffbedarf wäre bei den zu überbrückenden Entfernungen so gewaltig, daß angesichts der bisher erlebten Brennstofflage die Deckung höchst fraglich erscheint, ganz abgesehen von den operativen Folgen dieses Aufwandes für die gesamte Kriegsführung. Selbst wenn täglich 500 Maschinen statt der in Aussicht stehenden 130 landen werden, können nicht mehr als 1000 to Güter herangebracht werden, die für den Bedarf einer Armee von rund 200.000 Mann, im Großkampf und ohne Vorräte, nicht ausreichen. Mehr als die Deckung des allernotwendigsten Brennstoffbedarfs, eines kleinen Bruchteiles des Bedarfes einiger Munitionssorten, vielleicht auch eines Bruchteiles des Bedarfs der menschlichen Verpflegung, ist nicht zu erwarten. Die Pferde werden in wenigen Tagen bis auf das letzte verendet sein. Die taktische Beweglichkeit wird dadurch weiter eingeschränkt, die Durchführung der Versorgung bis zu Truppe selbst wesentlich erschwert, der Brennstoffbedarf andererseits gesteigert.

II. Das vermutliche Handeln des Feindes, dem ein Sieg in einer Vernichtungsschlacht klassischen Ausmaßes winkt, ist leicht zu beurteilen. Bei Kenntnis seiner aktiven Kampfweise ist nicht zu bezweifeln, daß er seine Angriffe gegen die eingekesselte 6. Armee mit unverminderter Heftigkeit fortsetzen wird. Es muß ihm auch die Erkenntnis zugebilligt werden, daß er die Armee vernichten muß, ehe Entsatzmaßnahmen deutscherseits wirksam werden können. Menschenopfer achtet er erfahrungsmäßig nicht. Die Abwehrerfolge, besonders des 24. 11., und die an mehreren Stellen festgestellten hohen Verluste des Feindes dürfen nicht zur Selbsttäuschung führen.

Dem Feinde sind sicherlich auch unsere Versorgungsschwierigkeiten nicht ganz unbekannt. Je ausdauernder und heftiger er angreift, desto schneller verbrauchen wir unsere Munition. Wenn nicht ein einziger die-

Erich Weinert (links) und Walter Ulbricht (rechts) zusammen mit deutschen Soldaten, die sich in Stalingrad in Gefangenschaft begeben haben.

ser Angriffe zum Erfolg führt, wird doch der Enderfolg dann eintreten, wenn die Armee sich verschossen hat und wehrlos ist. Ihm diese Überlegung abzusprechen, hieße vom Feinde das unrichtigste Handeln erwarten. Dies hat in der Kriegsgeschichte stets zu Niederlagen geführt. Es wäre ein Va-banque-Spiel, das mit der Katastrophe der 6. Armee die schwerwiegendsten Folgen für die Dauer, vielleicht auch für das Endergebnis des Krieges haben würde.

III. Operativ ergibt sich daher unwiderleglich: Die 6. Armee kann bei Verharren in der Igelstellung nur dann der Vernichtung entgehen, wenn der Entsatz in wenigen Tagen, d. h. in etwa fünf Tagen, soweit wirksam wird, daß der Feind seine Angriffe einstellen muß.

Hierfür liegt nicht ein einziges Anzeichen vor ...

IV. Die Aussicht, in der versorgungsmäßig noch tragbaren Zeit den Befehl des OKH, den Igel zu halten, bis Hilfe heran ist, beruht offensichtlich auf unrealen Grundlagen. Er ist daher nicht ausführbar und hat die Katastrophe der Armee unweigerlich zur Folge. Soll die Armee erhalten werden, so muß sie einen anderen Befehl sofort herbeiführen oder sofort einen anderen Entschluß selbst fassen. Der Gedanke, die Armee bewußt aufzuopfern, dürfte im Hinblick auf die operativen, politischen und moralischen Folgen außerhalb jeder Diskussion stehen.

V. Die Gegenüberstellung der versorgungsmäßigen und operativen Zeitberechnung unter Berücksichtigung des vermutlichen Handelns des Feindes führt zu einem so klaren Schluß, daß sich weitere Überlegungen eigentlich erübrigen. Trotzdem wird auf die folgenden Punkte hingewiesen, die in die gleiche Richtung weisen:

a) Noch keineswegs stabilisierte Lage auf der Westfront des Igels.

b) Unmöglichkeit, auf der Nordfront einem scharf zusammengefaßten Angriff der gegenüberstehenden Kräfte längere Zeit standzuhalten, nachdem wegen Herausziehens erst die 16. Panzerdivision, dann der 3. Infanteriedivision motorisiert die Front in eine zwar kürzere, aber fast gar nicht ausgebaute Linie zurückverlegt werden mußte.

c) Angespannte Lage auf der Südfront.

d) Verminderte Kampfkraft der stark ausgekämmten Wolga-Front, besonders, wenn die Eisdecke des Stromes, wie bald zu erwarten, geschlossen und kein Hindernis für die Angreifer mehr ist.

e) Infolge Munitionsmangel keine Verhinderung in der laufenden Kräftezufuhr in den feindlichen Wolga-Brückenkopf, an dessen Front schon die bisherigen Feindangriffe den Einsatz aller örtlichen Reserven erforderten.

f) Zustand der durch den Angriff in Stalingrad ausgebluteten Divisionen.

g) Die Armee eng zusammengedrängt in einem dürftigen Steppenraum, der fast gar keine noch brauchbaren Unterkünfte und Deckungsmöglichkeiten bietet, so daß Truppen und Material überall der Witterung und feindlichen Luftangriffen ausgesetzt sind.

h) Drohender Kälteeinbruch bei nahezu gänzlichem Fehlen von Heizmaterial im größten Teil der jetzigen Linie ...

VI. Die Folgerung ist eindeutig: Entweder verteidigt sich die 6. Armee in der Igelstellung, bis sie verschossen, d. h. wehrlos ist. Da bei der sicheren Fortsetzung und wahrscheinlichen Ausdehnung der Feindangriffe auf die bisher noch ruhigen Frontteile dieser Zustand früher eintreten muß, als der Entsatz wirksam werden kann, bedeutet dieses passive Verhalten das Ende der Armee. Oder die Armee sprengt in aktivem Handeln den Einkreisungsring.

Die Erfolgsaussichten für den Durchbruch sind um so größer, als die bisherigen Kämpfe vielfach eine geringe Standfestigkeit der feindlichen Infanterie im freien Gelände gezeigt haben und an den kleinen Flußabschnitten ostwärts des Don und am Aksai-Abschnitt noch eigene Kräfte stehen. Im Hinblick auf die Zeitberechnung muß der Durchbruch unverzüglich eingeleitet und durchgeführt werden. Jedes Zögern mindert seine Aussichten, mit jedem Zögern wird der Feind an der Durchbruchsfront stärker und kann mehr Abdeckungskräfte gegen die Gruppe Kotelnikowo heranführen. Mit jedem Zögern wird die Kampfkraft durch Pferdesterben und damit Ausfall Pferde-beweglicher Waffen geringer.

Hebt das OKH den Befehl zum Ausharren in der Igelstellung nicht unverzüglich auf, so ergibt sich vor dem eigenen Gewissen gegenüber der Armee und dem deutschen Volke die gebieterische Pflicht, sich durch den bisherigen Befehl verhinderte Handlungsfreiheit selbst zu nehmen und von der heute noch vorhandenen Möglichkeit, die Katastrophe durch eigenen Angriff zu vermeiden, Gebrauch zu machen. Die völlige Vernichtung von zweihunderttausend Kämpfern und ihrer gesamten Materialausstattung steht auf dem Spiel. Es gibt keine andere Wahl.

gez. von Seydlitz
General der Artillerie

Generalfeldmarschall Paulus (links) und General von Seydlitz (rechts), die in Stalingrad in russische Gefangenschaft gingen.

sie hielten es für verfrüht, eigenmächtige Entscheidungen ohne Zustimmung seitens des OKH zu treffen. Immerhin sprach sich v. Weichs in einem Fernschreiben an Zeitzler nochmals energisch für den Ausbruch der 6. Armee aus, wobei er unterstrich, dass Luftversorgung nicht möglich sei.
Bei der 6. Armee rechnete man damit, dass man, sofern per 24. November Befehl zum Ausbruch gegeben werden konnte, am 27. November zum Angriff antreten konnte. Aus Starobelsk erfuhr man außerdem in Gumrak, v. Manstein sei unterwegs, er solle die 6. Armee freikämpfen.
Nachdem Hitler am 23. 11. in der „Wolfsschanze" eingetroffen war, war es nun an dem neuen Chef des Generalstabes, General Zeitzler, die Schlacht für die 6. Armee zu schlagen. Er tat dies in der abendlichen Lagebesprechung, überzeugt davon, dass es ein Verbrechen sei, alles auf eine Karte zu setzen und eine ganze Armee – im OKH rechnete man damals mit etwa 400.000 Mann! – bis zu ungewissem Entsatz bewusst sich einkesseln zu lassen. In der Nacht zum 24. November rief Zeitzler endlich um 2.00 Uhr den General v. Sodenstern in Starobelsk an: Er glaubte Hitler überzeugt zu haben. Am Morgen wollte der „Führer" den Ausbruchsbefehl unterzeichnen.
Unterdessen hatte sich am Abend des 23. 11. noch ein Fall eigenmächtigen Handelns bei der 6. Armee ereignet. General v. Seydlitz hatte Teilen seines Korps – ohne dies der Armee zu melden – befohlen, im Raum Jersowka ihre gut ausgebauten Winterstellungen zu räumen und acht Kilometer zurückzugehen.
Erst am 24. November meldete v. Seydlitz dem Chef des Stabes diese Vorgänge mit dem Bemerken, man habe auf diese Weise Paulus den Entschluss zum Ausbruch erleichtern wollen.
Unterdes wartete man in Gumrak beim AOK 6, während schwere Kämpfe an der Don- und der im Aufbau begriffenen Süd-Front tobten, am Morgen des 24. November auf Befehl aus Starobelsk, und dort wiederum wartete man auf den Anruf Zeitzlers. Gegen 10 Uhr vormittags erkundigte sich General v. Sodenstern fernmündlich beim OKH. Die lakonische Antwort lautete: Die Heeresgruppe möge noch warten ...
Laut den Notizen von General Schmidt hatte man inzwischen in Gumrak schon um 8.38 Uhr einen OKH-Befehl erhalten, der in genau beschriebener Linie Einigeln vorsah. Stalingrad und das Wolga-Ufer seien mit allen Mitteln zu halten. Es sei beabsichtigt, mit starken Kräften (4. Panzer-Armee) die Armee freizukämpfen und die Krise zum Siege zu wenden: Beginn der Entsatzoperationen Anfang Dezember. Bis dahin würde die Luftflotte 4 die Versorgung übernehmen.
Am Morgen hatte in der „Wolfsschanze" Reichsmarschall Göring durch den Chef des Generalstabes der Luftwaffe, Generaloberst Jeschonnek, melden lassen, die Luftwaffe übernähme die Garantie für die Versorgung der eingeschlossenen 6. Armee. Die Meldung wurde gegeben, obwohl angeblich Warnungen vorlagen, dass die Luftflotte 4, ja die

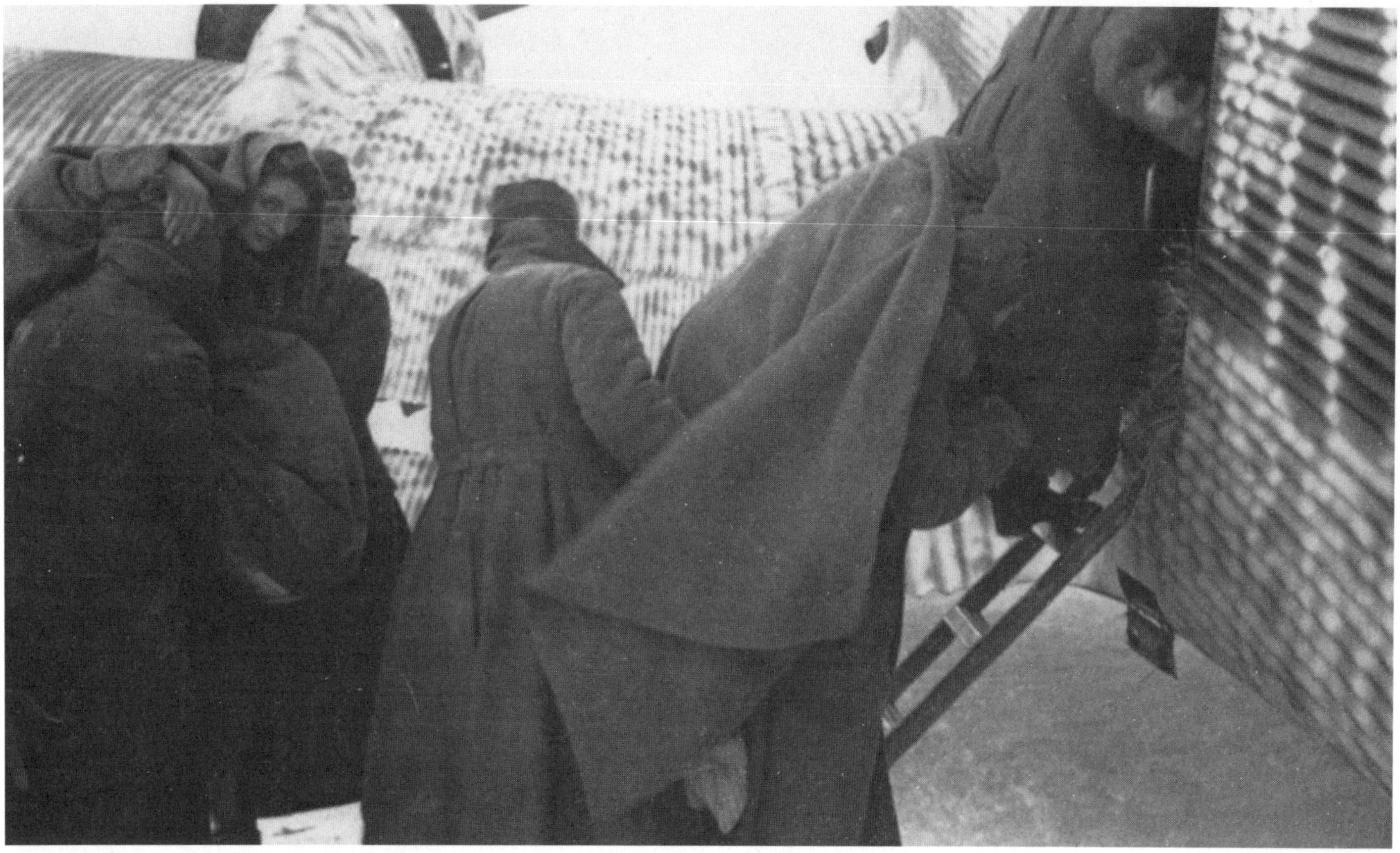

Zu den wichtigsten Aufgaben für die nach Stalingrad fliegenden Maschinen (linke Seite) gehörte es nach der Löschung ihrer Ladung, Verwundete aus dem kessel auszufliegen (oben): Dass es dabei angesichts der schlechten Verhältnisse zu tragischen Unfällen kam, ließ sich nicht vermeiden. Ein Stabsarzt erinnert sich: „Der 13. Januar 1943 wird mir für immer im Gedächtnis bleiben. Am Morgen landete eine viermotorige JU 290, die Verpflegungs- und Militärmaterial an Bord hatte. Nach der Entladung wurden etwa 150 deutsche und rumänische Verwundete auf den glatten Metallboden im Rumpf des Flugzeugs gebettet. Als die Maschine startete und hochzog, rutschten die Verwundeten ins Heck ab. Das Flugzeug wurde hecklastig und stürzte ab. Nur einer überlebte dieses schreckliche Unglück.“

Luftflotte überhaupt, gar nicht über die notwendigen Kräfte für ein derartiges Groß-Transportunternehmen verfügte. Hatte schon bei der Gewinnung von Stalingrad die Prestige-Strategie eine wesentliche Rolle gespielt, so gab jetzt Görings eigene Prestigepolitik den Ausschlag. Er wusste, wie sehr sein Ansehen und die Geltung der Luftwaffe schon bei Hitler verloren hatten. Dies war die Gelegenheit, sich wieder in den Vordergrund zu spielen. Und für Hitler wiederum bedeutete dies, das der Nimbus durch sein „Der Führer hat immer Recht“ aufrecht erhalten blieb. Görings Angebot kam allzu willkommen. Damit hatte General Zeitzler seine Schlacht verloren.

Während man noch in Starobelsk überlegte, ob man nicht nunmehr auf eigene Faust der 6. Armee den Ausbruch befehlen sollte, hörte der Leiter des Nachrichtendienstes einen Funkspruch aus dem Führerhauptquartier für die 6. Armee ab, in dem Hitler der Armee versicherte, er werde sie dementsprechend versorgen und rechtzeitig entsetzen.

Für Paulus stand zuoberst die Rettung der ihm anvertrauten Armee, zum zweiten wusste gerade er sehr wohl, aus der Zeit im OHK als Oberquartiermeister I, welche Bedeutung Hitler dem Wolga-Feldzug beimaß. Von v. Manstein, dem designierten Oberbefehlshaber Heeresgruppe Don, Paulus' Vorgesetztem von morgen, kam ein Funkspruch, in dem er empfahl, an Stalingrad und der Wolga-Front festzuhalten. Jeder Ungehorsam war in dieser Stunde Ungehorsam gegenüber der vorgesetzten Heeresgruppe, nicht eine Demonstration gegen den fernen Hitler. Paulus kannte Hitlers Starrsinn. Handelte er jetzt aus eigenem Ermessen, war damit zu rechnen, dass er binnen Stunden des Befehls enthoben wurde, die Truppe würde dann, Befehlen und Gegenbefehlen in kritischster Lage unterworfen, den Versuch des Ungehorsams auszubaden haben. Paulus sagte damals zu Schmidt, er sei gerne bereit, seinen Kopf für die Armee zu riskieren, aber jetzt scheine ihm dies sinnlos zu sein.

Immerhin – nun war die 6. Armee eingeschlossen: mit den General-

kommandos von vier Armeekorps und einem Panzer-Korps, 14 Infanterie-Divisionen, drei motorisierten, drei Panzer-Divisionen, je einer rumänischen Infanterie- und Kavallerie-Division und zahllosen Armee-Einheiten, Sonderverbänden und Versorgungseinheiten. Auf dem Papier betrug die Stärke der Armee noch 330.000 Mann. Die Ist-Stärke belief sich auf rund 300.000 Mann. Davon verblieben außerhalb des eigentlichen Kessels von Versorgungseinheiten der gepanzerten und schnellen Divisionen, die am Tschir lagen, Urlauber, Schulen, Wachtruppen, Nachschubverbände und Nachrichteneinheiten, rund 80.000 Mann, so dass sich etwa 220.000 Mann im Kessel befanden, mit etwa 100 Panzern, 1.800 Geschützen und 10.000 Kraftfahrzeugen.

Am 24. November passierte v. Manstein auf dem Weg zu seinem neuen Hauptquartier in Nowotscherkask Starobelsk, um sich über die Lage zu orientieren. Die entscheidende Stunde war schon verstrichen. Er hatte sich mit einer Lage abzufinden, die er nicht geschaffen und bei deren Zustandekommen er seinen Einfluss nicht hatte geltend machen können. Was ihn betraf, hielt er es für einen Fehler des OKH, dass man Paulus nicht am Abend des 19. November Handlungsfreiheit gegeben, und für einen psychologischen Fehler von Paulus, dass er von Hitler die Genehmigung zum Ausbruch gefordert hatte, statt selbst zu entscheiden. Aber er gab auch in seinen Erinnerungen zu, dass damals im November der Ausbruch ein größeres Risiko barg als das Sicheinigeln, um den Entsatz abzuwarten.

Das Kriegstagebuch des Wehrmachtführungsstabes hält für den 25. November fest, der „Führer“ sei bezüg-

Bilder oben: JU 52-Flugzeuge im Anflug und bei der Landung. Über die Unzulänglichkeiten der Luftversorgung berichtet ein Bordmechaniker: „Die Luftbrücke zur Versorgung des Kessels wurde überstürzt aufgebaut. Ganze Flugschulen einschließlich der für die Ausbildung so wertvollen Fluglehrer wurden nach Stalingrad beordert, wo sie regelrecht verheizt wurden. Auch an Flugzeugen wurde alles herangezogen, was verfügbar war; mitunter völlig ungeeignete Maschinen, die dann reihenweise zu Bruch gingen. Die meisten Verluste entstanden bei der Landung in der unübersichtlichen Schneewüste.

Manchmal mußten wir beim Anflug die Seitenfenster aufmachen, um uns im undurchdringlichen Nebel und Schneesturm zurechtzufinden. Immer wieder prallten Flugzeuge auf andere Maschinen, die auf dem Flugfeld liegengeblieben waren, und gingen in Flammen auf. Wenn damals großspurig verkündet wurde, daß man täglich 300 t Material in den Kessel fliegen würde, dann konnten wir darüber wirklich nur noch den Kopf schütteln. Denn im Gegensatz zu denen, die diese Parolen ausgaben, wußten wir, was in Stalingrad wirklich los war.“

lich der Lage der 6. Armee „zuversichtlich“; freilich sei es zweifelhaft, ob die von der Armee geforderte Tagesflugleistung von 700 Tonnen Nachschubgut gehalten werden könnte. Die Luftflotte 4 könne 298 Transportflugzeuge einsetzen, gebraucht würden 500 Maschinen.

Das Schicksal der 6. Armee hing nun von zwei Faktoren ab, der Luftversorgung und dem zeitigen Beginn der zugesicherten Entsatzoperation.

Was die Luftversorgung anbelangte, so verlangte die 6. Armee anfangs eine Tagesleistung von 700 Tonnen Verpflegung, Munition und Treibstoff. Ihre Mindestforderung belief sich auf 500 Tonnen pro Tag. Göring, Jeschonnek und der Lufttransportführer General Morzik hielten eine durchschnittliche Tagesleistung von 300 Tonnen für möglich. Schon diese Annahme ging von Voraussetzungen aus, die nicht gegeben waren: einer genügend großen Zahl von Transportflugzeugen, einer breiten Bodenorganisation außerhalb des Kessels (die beiden 200 bzw. 240 Kilometer vom Kessel entfernten Basen Tazinskaja und Morosowskaja reichten allein zweifellos nicht aus) und mindestens vier luftsicheren Landeplätzen im Kessel. Rechnet man ferner die Unbilden des russischen Winters dazu, so ergab sich, dass Görings Versicherung entweder ein Bluff oder ein Irrtum war. Tatsächlich erreichte die durchschnittliche Einflugleistung pro Tag 104,7 Tonnen. Einmal wurden in den entscheidenden Dezembertagen tatsächlich nahezu 300 Tonnen zugezogen. Aber die Luftwaffe sah sich hier vor eine unmögliche Aufgabe gestellt. Sie bezahlte diesen Einsatz mit 488 Flugzeugen und rund 1.000 Mann fliegenden Personals, zum Teil unersetzlichen Schlüsselpersonals, da man auf Lehrkräfte der

Oben: Zum Glück für alle Stalingrad-Kämpfer gehörte es, noch rechtzeitig ausgeflogen zu werden. Ein Soldat schildert, wie es ihm und seiner Kompanie ergangen ist: „In Rußland waren wir vom Dnjepr zum Donez, über den Ostrol zum Don und dann bis an die Wolga marschiert. Schon auf dem Weg nach Stalingrad hatten wir hohe Verluste. Die schreckliche Kesselschlacht selbst überlebten nur wenige aus meiner Kompanie. Ich wurde schwer verwundet, konnte aber noch aus dem Kessel abtransportiert werden.“

Fliegerschulen zurückgreifen musste. Das größte Verdienst dieser Luftbrücke nach Stalingrad bestand darin, dass es möglich war, rund 42.000 Verwundete und Spezialisten aus dem Kessel auszufliegen.
Am 27. November traf v. Manstein endlich in seinem neuen Hauptquartier Nowotscherkask ein. Die eigenen Kräfte, die hier standen, waren so ungenügend, dass eine Freiwilligen-Abteilung aus Kosaken den Wachdienst bei der neuen Heeresgruppe übernehmen musste. Zunächst brachte er nur seinen Namen, sein Können und eine Führungsstaffel mit, nicht jedoch neue Divisionen.
Noch vor dem Eintreffen in Nowotscherkask hatte v. Manstein – wie schon erwähnt – an Paulus einen Funkspruch gesandt, er würde alles tun, um ihn „herauszuhauen“, es komme alles darauf an, dass die Armee unter Festhalten der Wolga- und Nordfront gemäß Führerbefehl baldmöglichst starke Kräfte bereitstelle, um sich wenigstens vorübergehend eine Nachschubstraße nach Südwesten „auszuschlagen“.
Aber mit der Unterstellung unter die Heeresgruppe Don und der einstweiligen Einschließung war die 6. Armee nun einbezogen in ein weit größeres Geschehen, das Ringen um den Aufbau einer neuen Abwehrfront an Don und Tschir aus den Trümmern der 4. Panzer-Armee und der beiden rumänischen Armeen, die Sicherung der Nachschub- und der möglichen Rückzugswege der Heeresgruppe A, die Hitler zunächst starrsinnig in ihren Stellungen am Rande des Kaukasus beließ. Manstein konnte mit Recht sagen, die 6. Armee sei seine größte, aber nicht seine einzige Sorge. Noch immer bestand die Gefahr, dass die sowjetische Führung die Chance wahrnahm, alle beweglichen gepanzerten Kräfte zu einem Durchbruch auf Rostow am Don zusammenzufassen, in der Erkenntnis, dass die 6. Armee weitgehend ihrer Bewegungsfreiheit beraubt war. Dann drohte ein „Super-Stalingrad“, die Einkesselung der Heeresgruppe A tief im Süden zwischen Kuban- und Terek-Fluss.

Oben: Zu den begehrtesten Gütern, die nach Stalingrad eingeflogen wurden, gehörten die Nahrungsmittel. Wie schlecht es darum in der belagerten Stadt bestellt war, enthüllt die Erinnerung eines Flak-Soldaten: „Was man zum Schluß gesehen hat, das erinnerte wirklich an den Untergang von Sodom und Gomorrha. Einen steifgefrorenen Gaul, den wir zuvor vielleicht noch als Zugtier benutzt hatten, buddelten wir aus dem Schnee aus, zerhackten ihn, legten ihn in Essig ein und kochten ihn. Oder wir gruben halbverfaulte Kartoffelschalen aus dem Eis. Mir dreht sich heute noch der Magen um, wenn ich daran denke. Und einmal habe ich sogar gesehen, wie deutsche Soldaten Fleisch von toten Menschen herausschnitten und aßen. Der unerträgliche Hunger im Kessel machte sie zu Kannibalen."

Manstein sah sich auch außerstande, selbst in den Kessel nach Stalingrad zu fliegen, um sich über die Lage zu unterrichten. Er glaubte wegen der unsicheren Lage an der notdürftig mit Hilfe von Kampfgruppen stabilisierten Don-Tschir-Front Nowotscherkask nicht verlassen zu dürfen, da jede Stunde neue Entscheidungen fordern konnte. Dafür entsandte er nacheinander Ende November und Anfang Dezember seinen Chef des Stabes, Generalmajor Schulz, und seinen Ia, Oberst Busse, in den Kessel. Paulus wie Schmidt machten beiden klar, dass man auf die Dauer nicht bei Stalingrad stehen bleiben könne. Nach Schmidts Erinnerung erwiderte Oberst Busse, v. Manstein sei der gleichen Ansicht, nur sei es bislang nicht gelungen, Hitler umzustimmen.

Für das endgültige Schicksal der 6. Armee wurden nun die Entsatzoperationen bestimmend, die am 12. Dezember 1942 eingeleitet wurden. Dafür standen v. Manstein zur Verfügung: die von der Heeresgruppe B übernommene Armee-Abteilung des Generals Hollidt mit drei Infanterie- und zwei Luftwaffen-Feld-Divisionen und dem reorganisierten XXXXVIII. Panzer-Korps mit zwei Divisionen sowie das von der Heeresgruppe A abgezogene LVII. Panzer-Korps mit der schwer abgekämpften 23. Panzer-Division und der aus Frankreich antransportierten 6. Panzer-Division, die voll aufgefüllt war und über 160 Panzerfahrzeuge verfügte. Zu spät wurde diesem Korps noch die 17. Panzer-Division zugeteilt. Das LVII. Panzer-Korps und die wieder neu zusammengefasste 4. rumänische Armee mit zwei schwachen Korps wurden der 4. Panzer-Armee unterstellt.

Die Gruppe Hollidt sollte im großen Don-Bogen am Tschir die sowjetischen Angriffe zum Stehen bringen

Schokolade zum Weihnachtsfest

Das Ferngespräch zwischen Major v. Kunowski (K) und Oberst Bader (B) vom 20. Dezember 1942 spiegelt die prekäre Situation der Luftversorgung, vom Versorgungskonvoi und die Versorgungslage der 6. Armee wider.

B.: 1. Heutige Flugzeugbeladung: Konnte nicht mehr Ihrem Wunsch entsprechend umgeschaltet werden, da bei großem Flugzeugeinsatz Umladung nur schwer durchführbar. Bitte, Ihre Wünsche recht frühzeitig geben. Lufttransport für Führer Morosowskaja war heute in Pitomnik. Er hat folgende Wünsche: 1000 kg Bomben müssen schneller entleert werden und am nächsten Tag eher zurückgesandt werden. Er meint, daß für zeitraubendes Zusammenschrauben der 1000 kg Bomben nicht genügend Personal vorhanden ist. Können Sie helfen? Enttanken der Flugzeugbehälter soll so organisiert werden, daß gleichzeitig immer die in einer Kette fliegenden He geschlossen enttankt werden, um gemeinsamen Abflug zu ermöglichen. Möglichst an jedes Flugzeug zwei Tankwagen anstellen zur Beschleunigung. Ein besonderes Organ einteilen, das u. a. gelandeten Flugzeugen mitteilt, von welchem Zeitpunkt ab Enttankung vorgesehen ist. Bitte funken, falls Abwurfbehälter mit Ju 52 nach Tazinskaja gehen, damit wir sie rechtzeitig hier ranziehen können, da hier Mangel.
2. Maj. Teltmann von mir zur Dienstleitung zum Kdr. Armee-Nachschubtruppen kommandiert.
3. Für Ila: Alle Offiziere werden sofort in Kessel geflogen. Sollen Personalpapiere für dorthin aus Führerreserve usw. versetzte Offiziere überflogen werden?
4. Finckh hat für OB. und Chef je 1 Kiste geschickt. Beide mußten abgeworfen werden, da Flugzeug unter Beschuß war.
5. Können Sie nicht Beladeaufträge auf etwas längere Sicht, z. B. 2 oder 3 Tage, geben, dies würde Verladung vereinfachen. Oberstint. Lerche und ich stehen zur Verfügung.

K.: 1. Lufttransportführer war bei General Pickert und hat gleiche Fragen besprochen. Schwierigkeiten werden abgestellt, soweit möglich. Erhöhung der Zahl der Tankwagen nicht möglich, da alle greifbaren Wagen schon eingesetzt.
Gen. Pickert wird Einzelfragen in Ordnung bringen.
2. Wo sind Kisten Oberst Finckh abgeworfen? Mit Fallschirm? Bisher Verbleib unbekannt.

B.: Nicht mit Fallschirm, Notabwurf?

K.: Ist Abwurf in Pitomnik erfolgt??

B.: Nein, über Feind, aber nicht sicher.

K.: 3. Lt. Heimbach fliegt morgen als Kurier-Offz. zu O.Qu.

4. Beladeaufträge werde ich in Zukunft auf lange Sicht geben, ist nach augenblicklicher Lage auch möglich.
5. H.Gr. Don hat mitgeteilt, daß zum Einschleusen bereitstehen:
a) rund 3000 Kolonnenraum beladen.
b) Zugmittel-Staffel, 30 KOM zum Verwundetentransport.

Ein mit Tarnanstrich versehenes Kampfflugzeug He 111. Unter dem Rumpf eine Verpflegungskiste, die mit dem Fallschirm abgeworfen wurde.

Beladeplätze zu a) immer noch nicht eingetroffen. Erbitte Übersendung morgen, Erbitte ferner Auftrag bei Don, mit wieviel Zugmaschinen nach Art und Leistung wir rechnen können. Sicherstellen, daß diese Zugmittelstaffeln ausreichend mit Betriebsstoff versehen sind, damit Auftanken im Kessel nicht notwendig.

B.: Wird gemacht. Beladeplätze werden morgen eingeflogen. Ich habe noch etwas: Einzelne San.Ju's werden einfliegen, jedoch nur bei günstigster Witterung. Bitte, senden Sie eine Liste der dort eingesetzten FPA, kann Lerche kommen?

K.: 6. Maj. Rese hat gefunkt, daß Versorgungsbasis Kotelnikowo im Aufbau. Was lagert dort? Erbitten an 1. Stelle Betriebsstoff, Verpflegung und Munition für schwere Inf.Waffen und panzerbrechende Waffen.
7. Anforderung für nächste Tage: Schwerpunkt Betriebsstoff, täglich 200 cbm. Dann Verpflegung, dann Munition. Bedarf liegt Orientierung H.Gr. Don zugrunde. Erbitte Absichten und Möglichkeiten für kommende Zeit dort erfragen.
8. Bei einer Gesamtbelegung von 7500 sind z. Zt. im Festungsgebiet vorhanden: 2500 sitzend Transportfähige für Leerkolonnen, 1750 sitzend Transportfähige für Transport mit Omnibussen und ähnlichen Fahrzeugen, 2000 liegend Transportfähige. Rest besteht aus 550 nicht Transportfähigen und zur Entlassung Heranstehenden. Gesamter Lufttransport wird laufend zum Verwundetentransport, insbesondere von Liegenden, ausgenutzt. Soweit Flugzeugabtransport nicht ausreicht, muß Landeabtransport erfolgen. Ich hoffe, daß durch vermehrten Flugzeugeinsatz ein erheblicher Teil der Verwundeten abbefördert werden kann. Heute 1210. Es ist schwer zu sagen, wieviel Verwundete noch auf dem Landwege abtransportiert werden müssen, weil sie abhängig von der Lage. Metsch soll sich auf 4-5000 einstellen, vielleicht wird es geringer. Einflug der im Tätigkeitsbericht Armeearzt Morosowskaja genannten San.Offz. nicht notwendig.
9. Uffz. Lutter mit 2 Kurierpaketen eingetroffen.
10. Feldw. Büten, Fahrer Chef, soll an Chef schreiben und mitteilen, was er im Paket geschickt hat. Sein Brief angekommen, Paket bisher nicht.
11. FPA. 408 hat Armeefeldpostmeister gebeten, das Aussortieren der Feldpost der Heeresgruppe hinten zu übernehmen, da hier Personalmangel. Ausgabe der sortierten Post wird hier erfolgen. Erbitte Überprüfung. Bitte, nochmals überprüfen, daß gleichmäßige Zuführung Feldpost aller Div. geführt wird. Noch immer Klagen der Div.
Stabsintendant:
12. Es spricht Stabsint. für Armeeint. Heute Kurierbrief vom 16. 12. erhalten. Stellungnahme wie folgt:
1. Reichweiten einschl. der bis heute 1700 Uhr eingeflogenen Mengen zu den gekürzten noch geltenden Sätzen des OB-Befehls vom 6. 12. 42. Bei schärfster Berechnung:
a) Brot bis 24. 12., Fehlt an Ausstattung für 25. 12. 15 to.
b) Aufstrich 25. 12. nicht ganz voll.
c) Mittagskost: 26. 12.
d) Abendkost: 26. 12. Fehlt an Ausstattung für 27. 50.000 Personen = 2,5 to.
e) Getränke: 27. 12.
f) Rauchwaren: 28. 12.
g) Kein Zucker, starker Mangel an Salz und sonstigen Gewürzen. Fleisch für Mittagskost und Teile der Abendkost nur Pferdefleisch, deshalb nochmals: Abhilfe.
2. Allg. Erhöhung der Brotportionen nach nunmehr 14 Tage geltendem Satz von 200 g dringendst erforderlich. Heute für 20 Proz. der Verpfl.-Stärke Brotzulage von 100 g für die in vorderster Linie eingesetzten Soldaten durch O.B. befohlen. Dadurch bedingter Mehlbedarf von 5 to, täglich bis in Reichweite zu la berücksichtigt.
3. Gründe für Änderung der Reichweiten Schnellbericht Nr. 3 gegenüber Funkspruch 15. 12.
a) Infolge Verlegung der Div.Verpflegungsämter waren Bestände nicht genau erfaßbar.

Wolfram Freiherr von Richthofen, Oberbefehlshaber der Luftflotte 4 im Osten.

b) Verpflegungsstärke waren in Div. nicht bekannt. Wesentliche Änderungen in Zuteilungen und Unterstellungen.
c) In vorderster Linie z. B. Marinowka, Woroschilow-Lager gelegene V-Bestände doch noch in Festung gebracht.
d) Befehl O.B. als Mittagskost nur Pferd und Frischfleisch. Alle Konserven für Abendkost.
e) Wiederholte eingehende Überprüfung und schärfste Erfassung aller Bestände sowie Ausgleich der einzelnen V-Mittel zwischen Korps und Div.
4. Maj. Ing. Große, Vetter H.Gr. Int., und Stabsint. Tobias bei Ib 3. mot. in Festung wohlauf.
5. Kommen 25 to Schokolade rechtzeitig zum Weihnachtsfest?
6. Bleistift- und Kopierstiftpakete gut eingegangen. Quartiermeister enttäuscht. Von hier aus keine Fragen mehr, gehorsame Grüße. Liegt von dort noch etwas vor??

B.: Ja. Verpflegungsstärke nach Köpfen und Pferden angeben.
2. Wieviel Futter müßte zur Erhaltung des noch vorhandenen Pferdebestandes täglich zugeflogen werden? Gen. Qu. will es wissen.
3. Für welchen Teil der Verpflegungsstärke könnte Mehl statt Brot geflogen werden?
4. Am 14. 12. wurden in Karpowka noch 15 to russische Kernseife gemeldet. Warum ist sie nicht ausgegeben?
5. Wünsche für Beladung der ersten Kolonnen mit 600 to aus Kotelnikowo mit Verpflegung angeben.
Bitte Antwort.
Schokolade kommt rechtzeitig. Warum sind Quartiermeister enttäuscht?
Haben Sie noch etwas? Bitte antworten.

K.: Hier Maj. v. Kunowski, Quartiermeister waren enttäuscht, weil sie anstelle von Bleistiften rauchbare Zigarren erwarteten.
2. Futterfrage nach augenblicklicher Lage Lufttransport kaum möglich. Wir wollen 20 000 Pferde nach Möglichkeit erhalten, dazu notwendig je Pferd 2 kg Futterkonserven.
3. Zuführung von Mehl wird gemeldet, abhängig von Lage, es kann möglich sein, daß Armee in den nächsten Tagen ausschließl. Brot bekommen muß, da Möglichkeit zum Backen nicht gegeben. Dies hängt zusammen mit Lageorientierung Don.
4. Gemeldete Kernseife Karpowka wurde nach Anforderung ausgegeben. Ausrüstung der Truppe mit Seife hier nicht bekannt.
5. Wunsch für Beladung gem. Beladeplan v. 6. 12. 42. Allerdings mit Rauch- und Getränkeportionen unter entsprechender Kürzung anderer Teile. Von mir aus keine Fragen mehr. Liegt dort noch etwas vor ??

B.: Bitte Verpflegungsstärke – sofort – mitteilen, Gen.Qu. quält uns.
K.: 249 000 nach Stand vom 18. 12. 42.
B.: Augenblickliche Pferdestärke??
K.: Heutiger Kurier muß Pferdestärken mitgebracht haben, Zahlen augenblicklich nicht bekannt.
B.: Wieviel etwa??
K.: Geschätzt 40 000, davon zahlreiche Pferde kurz vor Verhungern und nicht mehr einsatzfähig.
Genaue Zahlen werden nochmals gemeldet. hier Ende.
B.: Wir danken sehr und wünschen alles Gute. Herzlichen Gruß Bader, Lerche, Tümpling.
K.: Wir danken ebenfalls, Herzlichen Gruß, Funkergemeinschaft O.Qu. I.K. – Ende.

Links: Kampf in den Werkshallen der Fabrik „Roter Oktober“.
Oben: Von der Außenwelt abgeschnitten, sollten sich die deutschen Truppen auf den Führer verlassen: „Die Armee darf überzeugt sein, daß ich alles tun werde, um sie entsprechend zu versorgen und rechtzeitig zu entsetzen. Ich kenne die tapfere 6. Armee und ihren OB und weiß, daß sie ihre Pflicht tun wird.“

und dann von Westen her zum Entsatz der 6. Armee antreten – ein Auftrag, der nie erfüllt werden konnte, weil die Armee-Gruppe in dauernden Abwehrkämpfen gebunden blieb. Hoths 4. Panzer-Armee sollte aus dem Raum Kotelnikowo in der Kalmückensteppe von Südosten her die 6. Armee entsetzen.
Zwei Angriffs- bzw. Ausbruchsunternehmen liefen hier ineinander, die gleichwohl sorgsam zu trennen sind: das sogenannte Unternehmen „Wintergewitter“, das Hoth mit seinen Kräften am 12. Dezember 1942 einleitete, und das Unternehmen „Donnerschlag“. „Wintergewitter“ hatte zum Ziel, die Verbindung zur 6. Ar-

mee wiederherzustellen, wobei die Armee mit einer gepanzerten Ausbruchsgruppe Hoth entgegenstoßen sollte. Die 6. Armee sollte dabei die bisherige Position an der Landbrücke zwischen Wolga und Don halten. „Donnerschlag" dagegen sah vor, dass die 6. Armee unter schrittweisem Absetzen zum Gesamtausbruch antrat, sobald die hothschen Entsatzkräfte nahe genug herangekommen waren.
Zwischen der hothschen Angriffsgruppe und dem Kessel standen die 51. sowjetische Armee und die 2. Garde-Armee, ein Panzer-, ein mechanisiertes, drei motorisierte und ein Kavallerie-Korps, dazu zwei Schützen-Divisionen und eine Panzer-Brigade. Der Gegner hatte auch die Höhen gegenüber dem Abschnitt Karpowka – Rakotino, der möglichen Ausbruchsstelle aus dem Kessel, besonders stark gesichert. Zudem waren zwischen dem 16. und 18. Dezember 1942 zahlreiche sowjetische Fesselungsangriffe an den Kessel-Fronten zu verzeichnen.
Gleichwohl aber stellte die 6. Armee für „Wintergewitter" unter General Hube eine Ausbruchsgruppe mit etwa 60 bis 80 Panzern bereit. Die Treibstofflage war freilich bereits so angespannt, die Luftversorgung bislang so unbefriedigend gewesen, dass die Panzer nur für etwa 30 Kilometer Betriebsstoff hatten. Das bedeutete, dass Hoths Kräfte sich den Höhen beim Dorfe Businowka, 30 Kilometer Luftlinie vom Einschließungsring entfernt, nähern mussten, sollte die Ausbruchsgruppe zum Angriff antreten. Und es bedeutete ferner, dass von Hoth sofort, sofern dies nicht per Lufttransport möglich war, der eingeschlossenen Armee Versorgungsgut, vor allem Sprit, zugeführt werden musste.
Am 19. Dezember 1942 nahte die Entscheidung. Unter schweren und verlustreichen Kämpfen gegen überlegene sowjetische Kräfte in der Kalmückensteppe hatten sich Hoths Panzerspitzen bis zum Myschkowa-Abschnitt, etwa 68 Kilometer vom Einschließungsring vorgekämpft.
Dennoch hielt v. Manstein es am 19. Dezember 1942 nunmehr für geboten, der 6. Armee „Wintergewitter" zu befehlen. Am 19. Dezember 1942, 18.00 Uhr, erging per Fernschreiben der Befehl an die 6. Armee, mit der Ausbruchsgruppe baldmög-

Während die Versorgungslage der eingeschlossenen 6. Armee immer prekärer wurde, rollte der russische Nachschub weiter über die Wolga. Ausgeruhte russische Soldaten stehen bereit (linke Seite oben) und ziehen in Stalingrad ein (oben). „Die Schlacht um Stalingrad", schreibt Georgi Schukow, stellvertretender Oberbefehlshaber der Roten Armee, „hatte größte militärische Bedeutung. Wenn Stalingrad fiele, bekäme das gegnerische Kommando die Möglichkeit, den Süden des Landes vom Zentrum abzuschneiden. Außerdem konnten wir dabei die Wolga, diese wichtigste Wasserverkehrsader, verlieren, auf der in großen Mengen Güter aus dem Kaukasus befördert wurden."

lichst anzutreten. Manstein betonte in seinem Befehl, die Lage könne dazu zwingen, „Donnerschlag" einzuleiten, und zwar in unmittelbarem Anschluss an „Wintergewitter". Diese Operation sei vorzubereiten, sie dürfe aber erst auf ausdrücklichen Befehl begonnen werden. Das hing damit zusammen, dass er etliche Stunden vorher, um 14.35 Uhr, in einem Fernschreiben an General Zeitzler für die 6. Armee die Genehmigung zum Gesamtausbruch verlangt hatte.
Paulus und Schmidt fühlten sich in diesen entscheidenden Stunden und an den folgenden Tagen schlecht unterrichtet. Den Fernschreibgesprächen mit der Heeresgruppe Don in der Zeit zwischen 17.50 und 18.30 Uhr war am 19. Dezember nicht klar zu entnehmen, was v. Manstein wollte. Paulus meldete, er habe für seine Panzer nur Treibstoff für Bewegungen bis zu 20 Kilometern. 18.15 Uhr ließ v. Manstein durch seinen Chef wissen, es bliebe alles beim alten. Paulus fragte an, ob er die Korps gedanklich bereits an „Donnerschlag" beteiligen könne. Manstein erwiderte lakonisch: „Heutiges Abendgespräch abwarten."
Zwischen 20.40 und 21.10 Uhr sprachen die beiden Chefs der Armee und der Heeresgruppe über die Lage, Schmidt machte klar, dass ein Vorstoß über die Donskaja-Zariza hinaus nach Süden nicht möglich sei, wenn man die Festung halten wolle. In Frage komme nur ein kurzes Vorbrechen mit den Panzern über die Donskaja-Zariza; die Panzer müssten bereit

Linke Seite: Vorsicht ist geboten. Bei der Verteidigung ihrer Stadt zeigten sich die Sowjets äußerst erfinderisch. Jedes Haus war eine Festung, jeder Keller ein Bunker, jede Straße ein Schützengraben, jede Mauerruine eine Panzerdeckung.

Unterirdische Gänge ließen die Sowjets überraschend im Rücken des Gegners auftauchen. Oben: Vor einem schwer beschädigten Industriegebäude befinden sich die für das Stadtbild Stalingrads typischen kleinen Holzhäuser.

sein, notfalls als „Feuerwehr“ in den Kessel zurückzukehren. Wolle man an Stalingrad festhalten, könne die Armee erst antreten, wenn sich das LVII. Panzer-Korps dem Raum von Businowka näherte. Schulz erwiderte, das entspräche ihrer Auffassung. Es war klar, dass Paulus und Schmidt – im Grunde genau wie v. Manstein – „Donnerschlag“ für die einzig mögliche Lösung hielten. Dies Unternehmen wollte Hitler jedoch um keinen Preis gestatten. Beim AOK 6 rechnete man so, dass man bei geordnetem Umgruppieren, Sichlösen von den anderen Kesselfronten und den unumgänglichen Verschleierungsmaßnahmen etwa fünf Tage benötigte, um „Donnerschlag“ einzuleiten. Notwendig waren dafür etwa 1.000 Tonnen zusätzlichen Versorgungsgutes an Sprit, Munition und Verpflegung, wobei die einfliegenden Maschinen dann noch rund 8.000 Schwerverwundete hätten ausfliegen können. Aber zum Zweiten war auch soviel klar, dass Paulus und Schmidt nicht erwogen, gegen Mansteins Befehle eigenmächtig „Donnerschlag“ einzuleiten, und dass es zu

Bilder oben und links: Mit vereinten Kräften versucht das Bodenpersonal unter schwierigsten Bedingungen seine Maschinen startklar zu machen. Über den letzten Versorgungsflug nach Stalingrad meldete das VII. Fliegerkorps am 2. Februar 1943: „Von 5 nach Stalingrad gestarteten Maschinen haben 3 Besatzungen keine deutschen Truppen mehr beobachtet, die 4. glaubte noch Kämpfe bemerkt zu haben, und der Flugzeugführer der 5. Maschine, einer He 111, meint, er habe Blinkzeichen 40 Kilometer westlich von Stalingrad gesehen und in der Vermutung, es handele sich um eine Ausbruchsgruppe, dort Versorgungsbomben abgeworfen.“

diesem Zeitpunkt nicht in v. Mansteins Möglichkeiten gelegen hatte, gegen die Oberste Führung der Armee „Donnerschlag“ zu befehlen, wohl mit Rücksicht auf die außerordentlich heikle Situation an der Don-, Tchir- und Kaukasus-Front.

Am 20. Dezember und an den folgenden Tagen gingen die Unterhaltungen über die Lage fort, wie Niederschriften der Fernschreibgespräche zeigen. Schmidt wies darauf hin, dass „Wintergewitter“ immer noch möglich sein, wenn sich „Donnerschlag“ daran anschlösse. Generalmajor Schulz konnte ihm nur bedeuten, dass das OKH das Ausbruchsunternehmen noch nicht genehmigt habe.

Mansteins Aufmerksamkeit wurde jetzt durch eine neue Katastrophe in Anspruch genommen: Im Norden durchbrach der Gegner die Front der 8. italienischen Armee am Don. Bereits am 22. Dezember fragte v. Manstein beim OKH nach, ob er die 23. Panzer-Division von „Wintergewitter“ abziehen könne, um sie an die Don-Front zu werfen.

Am Spätnachmittag des 23. Dezember 1942 fragte v. Manstein noch einmal fernschriftlich bei Paulus an, ob er, bleibe keine andere Möglichkeit, „Donnerschlag“ durchführen könne, sofern in den nächsten Tagen die Zuführung begrenzter Mengen an Sprit und Verpflegung möglich sein würde? Paulus erwiderte: „Ich kann von hier aus nicht übersehen, ob Entsatz der Armee in absehbarer Zeit überhaupt möglich ist. Dann lieber jetzt als später. Habe ich mit diesem Gespräch schon die Vollmacht, Donnerschlag einzuleiten?“ Manstein: „Vollmacht darf ich jetzt noch nicht geben ... Der springende Punkt ist, ob Sie der Armee zutrauen, sich bis zu Hoth durchzuschlagen?“ Paulus: „Dann bleibt ja nichts anderes übrig.“

Am Heiligen Abend des Jahres 1942 sprachen die Generale Schulz und Schmidt zwischen 17.05 und 17.15 miteinander. Schulz erklärte, sie hätten noch immer keine Entscheidung vom OKH hinsichtlich der 6. Armee. Der Feldmarschall lasse sagen, die Armee müsse sich wohl auf die kommende Lösung „Donnerschlag“ einstellen. Man warte auf besseres Wetter, um zusätzlich den erforderlichen Treibstoff und Verpflegung einzufliegen, und habe außerdem erneut dringend umfangreiche Verstärkungen

angefordert. Mit dem ersten Weihnachtsfeiertag schwand jedoch die letzte Hoffnung. Durch die Katastrophe bei den Italienern am Don und den erneuten tiefen Einbruch der Sowjets in die linke Flanke der Heeresgruppe Don sah sich v. Manstein, ohne reguläre Reserven, zu einschneidenden Umgruppierungen gezwungen. Auch die 6. Panzer-Division musste in den neuen Kampfraum verlegt werden. Die 6. Armee bleib auf verlorenem Posten zurück.

Das Schicksal der 6. Armee hing nunmehr allein von der Luftversorgung ab. Die Luftflotte 4 tat alles, was sie vermochte. Ihre Lufttransportgruppen wurden laufend verstärkt, zum Teil wurden Transporter aus Tunis und Sizilien abgerufen, die eilig von Tropen- auf Winterausstattung umgerüstet werden mussten. Im Dezember standen etwa 200 Ju-52-Maschinen und 100 He-111-Kampfflugzeuge mit leeren Bombenschächten als Transportmittel zur Verfügung, im Januar 1943 467 Maschinen beider Typen. Zwischen dem 24. November 1942 und dem 31. Januar 1943 gingen 488 Maschinen, ein Bestand von fünf Geschwadern – mehr, als ein Fliegerkorps an Maschinen zählte – mit rund 1.000 Mann fliegenden Personals bei der Versorgung von Stalingrad verloren. Schon

Linke Seite: Kampf um jedes Stockwerk. Oben: Bereitschaft im Laufgraben. Über die Kompromisslosigkeit des Kampfes berichtet ein Infanterist: „Beim Kampf um das Getreidesilo bemerkte ich von meinem Beobachtungsposten aus einen etwa 13jährigen Jungen. Der kletterte an einer Hauswand hinunter und lief dann an einer Mauer entlang. Plötzlich entdeckte ich, wie er einem MG-Schützen einwies und ihm unsere Stellungen zeigte. Ein Feldwebel rief mir zu: ‚Karl, den greif ich mir, wenn er wiederkommt.‘ Als der Junge kam, packte er ihn am Haarschopf und schoß ihm mit der Pistole ins Genick. Ähnlich erging es einer alten Frau, die uns wohl laufend verraten hatte. Da gab es keine Gnade. Die eigene Haut war in diesem Moment die nächste.“

dies deutete auf die außerordentlichen Schwierigkeiten des Unternehmens hin: Es bedeutete einen weiteren, höchst unheilvollen Aderlass für die Luftwaffe. Die Wetterbedingungen des russischen Winters erschwerten den Flugbetrieb oder machten ihn oftmals überhaupt unmöglich. Die steigende feindliche Abwehr und steigende Angriffe auf die eigenen Absprunghäfen bedeuteten weitere Erschwerungen und kosteten neue

Verluste. Bei gutem Flugwetter lag bald auch der Hauptfeldflughafen im Kessel, Pitomnik, unter russischen Luftangriffen. Die geforderte Mindestleistung, eine Transportquote von 300 Tonnen, wurde nur an einem einzigen Tag, am 19. Dezember 1942, erzielt.

Die zweite große russische Offensive am Don führte zum Verlust der entscheidenden großen Absprungbasen Tazinskaja und Morosowskaja. Die Bodenorganisation musste auf Flughäfen wie Nowotscherkask, Salsk, Stalino, Taganrog und Rostow zurückgenommen werden, was eine Verlängerung der Flugstrecke um 300 bis 400 Kilometer zur Folge hatte. Zwischen dem 22. November 1942 und dem 16. Januar 1943 wurden rund 5.300 Tonnen Versorgungsgut von etwa 3.410 Maschinen in den Kessel eingeflogen, was einen Tagesdurchschnitt von 100 Tonnen ergab. Mitte Januar 1943 waren infolge der Wetterbedingungen und der zahlreichen Schäden durch Kälte, Feindeinwirkung und Motorendefekte nur noch 106 Maschinen einsatzklar. Die Versorgung der Kampfgruppe Scherer in Cholm und des II. Armeekorps in Demjansk im Winter 1941 /42 durch Lufttransportgruppen hatte zu dem trügerischen Bild geführt, dass auch die Luftversorgung einer Armee von 300.000 Mann möglich sei. Dieses Bild konnte nur bei Männern wie Hitler und Göring entstehen, die längst die Verbindung zur Wirklichkeit, zur Front, verloren hatten. Auch die Luftwaffe konnte die 6. Armee nicht retten, sie zahlte nur einen viel zu hohen Preis und erntete ungerechtfertigte Vorwürfe, als sich herausstellte, dass auch der stärkste Wille nicht das Unmögliche verwirklichen konnte. Weihnachten 1942 sah die Trümmer der 6. Armee in den Ruinen der Stadt und in den Balkas, den Regenschluchten der Steppe. Die Weihnachtsration betrug 200 Gramm Brot pro Kopf und ein wenig Pferdefleisch. Auflösungserscheinungen kündigten sich an. Immer stärker wurden die ausfliegenden Transportmaschinen von Kranken, Verwundeten und Verzweifelten umdrängt, die dem Untergang noch zu entrinnen hofften. 24.190 Verwundete und Kranke wurden bis Mitte Januar aus dem Kessel ausgeflogen. Hitler ging dazu über, einzelne verdiente hohe Offiziere wie General Hube, die zum Empfang hoher Auszeichnungen ins Führerhauptquartier gerufen wurden, nicht mehr nach Stalingrad zurückzuschicken, um sie für eine anderweitige Verwendung vor dem Untergang zu bewahren.

Auf fortgesetztes Drängen v. Mansteins setzte Zeitzler endlich Ende Dezember die Einleitung des Rückzugs der Heeresgruppe A vom Kaukasus durch. Hitler befahl freilich, sie solle am Kuban einen Brückenkopf bilden, während v. Manstein ihre Zurücknahme bis auf den Don bei Rostow verlangt hatte. Dies bedeutete für die schwer angeschlagene Heeresgruppe Don neue blutige Sicherungsunternehmen ostwärts Rostow, um in der Steppe den Durchlauf der Eisenbahntransporte der Heeresgruppe A für den Aufbau des Kuban-

Brückenkopfes zu sichern. Schon aus Rücksicht auf die Haltung der neutralen Türkei, die als Kriegspartner immer noch heiß umworben wurde, wollte Hitler mit allen Mitteln die deutsche Position im östlichen Schwarzen Meer behaupten. Manstein wurde jetzt auch der bisher der Heeresgruppe B zugeteilte Donez-Abschnitt westlich Woroschilowgrad unterstellt. Die dort fechtenden Kräfte bestanden im Wesentlichen nur aus Trümmern der Armeeabteilung Fretter-Pico, die bei der Don-Offensive zerschlagen worden war. Die 4. Panzerarmee suchte mit allen Mitteln den Manytsch-Fluss zu verteidigen. Manstein forderte immer wieder die Zurücknahme der 1. und 4. Panzerarmee aus Rostow, um die Verteidigung des Donez-Abschnittes neu zu organisieren. Der Gegner versuchte, mit vier motomechanischen Korps über den unteren Manytsch auf Rostow und mit zwei beweglichen Korps auf Woroschilowgrad, das Zentrum des Donez-Gebietes, vorzudringen. Die Tschir-Front ging endgültig verloren. Noch immer drohte die Gefahr, dass sowohl v. Mansteins als auch v. Kleists Armeen gegen das Asowsche Meer gedrängt und dort eingekesselt wurden.

Am 8. Januar 1943 richtete der russische Marschall Rokossowski die erste Aufforderung an Paulus, zu kapitulieren. Dieser erbat nochmals von

Während das Schicksal der 6. Armee schon besiegelt war (rechte Seite), feierte Hermann Göring (oben) in einer Rede an die Wehrmacht am 30. Januar 1943 den „Heldenkampf um Stalingrad". Dabei verglich er die Vorgänge in Stalingrad mit dem Kampf der Spartaner am Thermopylen-Pass 480 v. Chr., wo sich diese unter ihrem Anführer Leonidas bis zum letzten Mann opferten und damit den griechischen „Endsieg" über die Perser ermöglichten. Görings Rede gipfelte in seiner „Überzeugung", dass „uns der Führer zum größten aller Siege der Deutschen führen" werde.

Hitler Handlungsfreiheit. Hitler untersagte jegliche Übergabeverhandlungen. Paulus äußerte düster, er wisse, dass die Kriegsgeschichte bereits ihr Urteil über ihn gesprochen habe. Allein er hielt aus, wie es befohlen war, obwohl das für Zehntausende der besten deutschen Soldaten Tod, Hunger, Erfrierung und Verzweiflung bedeutete. Die Tagesration im Kessel fiel auf 50 Gramm Brot.

Am 10. Januar 1943 brach ein russischer Großangriff los, 2.000 Geschütze und 3.000 Mörser schossen Trommelfeuer, der erste Triumph der Massierung der russischen Artillerie in Divisionseinheiten. Konzentrische Sturmangriffe mit Panzern von Norden, Süden und Westen verengten den Kessel. Die Feldflugplätze fielen einer nach dem anderen in russische Hand. 364 Todesurteile durch Kriegsgerichte im Kessel waren die Bilanz aller Versuche, die immer brüchiger werdende militärische Ordnung auch im Untergang zu erhalten.

Die Skala menschlicher Größe und Niedertracht enthüllte sich. Es gab Offiziere, die den Führern der noch abfliegenden Transportmaschinen hohe Summen für einen Platz im Flugzeug boten. Aber die Zahl derer, die die Haltung wahrten, überwog auch im Angesicht des Todes.

Am 19. Januar 1943 brach neues Unheil über die schon arg zerfetzte Heeresgruppe B herein. Die ungarische

Links: „An den Führer! Zum Jahrestag ihrer Machtübernahme grüßt die 6. Armee ihren Führer. Noch weht die Hakenkreuzfahne über Stalingrad. Unser Kampf möge den lebenden und den kommenden Generationen ein Beispiel dafür sein, auch in der hoffnungslosesten Lage nie zu kapitulieren. Dann wird Deutschland siegen“ (Stalingrad, den 29. 1. 1943 mittags, Heil, mein Führer! gez. Paulus, Generaloberst).

Rechts: Sie hielten sich an die Verpflichtung, die sie ihrer militärischen Führung versprochen hatten: „Ich schwöre, die Stadt nicht zu verlassen. Wir werden Stalingrad halten oder dort sterben.“

2. Armee wurde bei Woronesch zerschlagen, ihr Oberbefehlshaber, Generaloberst Jány, verwundet. Damit entstand zwischen Woronesch und Woroschilowgrad eine breite Frontlücke. Die Gefahr tauchte auf, dass russische Panzer auf das untere Knie des Dnjepr durchstießen und damit die rückwärtigen Verbindungen der Heeresgruppe Don unterbrachen.
Am 22. Januar 1943 erging das zweite russische Kapitulationsangebot an Generaloberst Paulus. Manstein empfahl, es anzunehmen, weiterer Widerstand sei jetzt sinnlos und durch nichts mehr zu verantworten. Paulus verbot erneut die Übergabe und befahl, auf Parlamentäre zu feuern. Die Armee zerfiel. Ein Divisionskommandeur kapitulierte eigenmächtig und führte die Reste seiner Division in russische Gefangenschaft. Der Stab eines Artillerieregimentes erschoss sich geschlossen, um nicht in Gefangenschaft zu geraten. Eine Reihe anderer Divisionskommandeure suchte freiwillig den Tod, indem sie sich in die Feuerlinie begab und stehend freihändig auf die anstürmenden Russen schoss.
Seit Mitte Januar 1943 gab der OKW-Bericht mit dem Passus, in Stalingrad würde gegen den „von allen Seiten angreifenden Feind" gekämpft, indirekt die Tatsache zu, dass die 6. Armee seit rund zwei Monaten eingeschlossen war, etwas, das alle offiziellen Berichte bislang sorgfältig verschwiegen hatten. Am 25. Januar 1943 hieß es: „In Stalingrad heftet die 6. Armee in heldenhaftem und aufopferndem Kampf gegen erdrückende Übermacht unsterbliche Ehre an ihre Fahnen."
Ende Januar 1943 vollzog sich unter dauernden russischen Angriffen bei erlahmender Widerstandskraft der Verteidigung die Aufspaltung des Kessels in drei Teilkessel: einen Nordkessel mit den Resten des XI. Armeekorps, einen Mittelkessel mit dem VIII. und LI. Armeekorps und den Südkessel, in dem sich Paulus selbst mit den Trümmern des IV. Korps und des XIV. Panzerkorps hielt. Alarmgruppen, in denen Generäle, Generalstabsoffiziere,

Schreiber, Funker und Trossfahrer Schulter an Schulter kämpften, verteidigten sich weiter.
Eine Armee ging unter. 300.000 Soldaten waren verloren. Man musste an eine neue Kraftanstrengung denken. Am 29. Januar 1943 wurde im Reich die Meldepflicht für alle einsatzfähigen Männer zwischen 16 und 65 Jahren und alle Frauen zwischen 17 und 50 Jahren verkündet. Zum 10. Jahrestag der Machtübernahme durch den Nationalsozialismus richtete Hitler eine Proklamation aus seinem Hauptquartier, das er in diesen Tagen nicht zu verlassen wagte, an das deutsche Volk, in der er das Großdeutsche Reich als den „Germanischen Staat deutscher Nation" verkündete. Am Vormittag sprach Göring, der Reichsmarschall des Großdeutschen Reiches, dem Hitler jetzt gegenüber Vertrauten vorwarf, er habe ihn mit seinem Versprechen, die Luftwaffe würde die 6. Armee versorgen, getäuscht, in Berlin zum deutschen Volk und erklärte Stalingrad zum „größten Heroenkampf in unserer Geschichte".
Tags darauf gingen in Stalingrad Walther Kurt Frhr. v. Seydlitz-Kurzbach, der Kommandierende General des LI. Armeekorps, und sieben andere Generale in russische Kriegsgefangenschaft. Bei der Lagebesprechung im Führerhauptquartier in Ostpreußen meldete Zeitzler, seit dem gestrigen Tage sei der Funkverkehr

mit Stalingrad abgerissen. Hitler hatte Tränen in den Augen und äußerte, er könne nicht glauben, dass Paulus das Leben wähle. Dann jedoch bekam Keitel zu hören, er solle Goebbels unterrichten: Stalingrad müsse zum Fanal, die 6. Armee neu aufgestellt werden. Am 30. Januar 1943 hatte Goebbels verkündet: „Das Wort Kapitulation existiert nicht in unserem Sprachschatz ...“
Am 1. Februar ergab sich Generalfeldmarschall Paulus. Der Süd- und Mittelkessel waren liquidiert. Bei den Lagebesprechungen dieser Tage erging sich Hitler immer von neuem über Paulus' Handlungsweise; er kam nicht darüber hinweg, dass dieser nicht Selbstmord begangen hatte, und beschuldigte ihn des Langen und Breiten der Pflichtvergessenheit und Verantwortungslosigkeit. Niemand von den Teilnehmern wagte ein Wort zu Gunsten des unglücklichen Oberbefehlshabers der 6. Armee. Noch hielt das XI. Armeekorps unter General Strecker im Nordkessel um das Traktorenwerk aus. In der Nacht des 1. Februar starteten noch 109 Maschinen mit Versorgungsgütern für diesen Kessel, 89 Maschinen warfen 72 Tonnen Nachschub ab, drei Flugzeuge gingen verloren. Am 2. Februar erlosch auch der letzte Widerstand im Traktorenwerk, nachdem die Munition verschossen war. Um 8.40 Uhr sandte General Strecker seinen letzten Funkspruch: „XI. AK hat mit seinen sechs Divisionen im schwersten Kampf bis zum letzten Mann seine Pflicht getan. Es lebe der Führer! Es lebe Deutschland!“ Am Abend dieses Tages meldeten Flugzeugbesatzungen, die auch an diesem Tag über Stalingrad gewesen waren,

Linke Seite: Paulus wird in Beketowka (links) bei Stalingrad am 31. Januar 1943 gefangengenommen. Rechts neben ihm seine Adjutanten Schmidt und Adam. Kurz zuvor hatte ihn Hitler noch zum Generalfeldmarschall befördert, in der Überzeugung, ein deutscher Generalfeldmarschall würde statt der Gefangenschaft den Freitod wählen. Als dies nicht geschah, zürnte er im Führerhauptquartier: „Wie kann ein Mann sehen, wie seine Soldaten sterben und mit Tapferkeit bis zum Letzten sich verteidigen – wie kann er sich da den Bolschewiken ergeben? Mir tut das darum so weh, weil das Heldentum von so vielen Soldaten von einem einzigen charakterlosen Schwächling ausgelöscht wird. In diesem Krieg wird niemand mehr Feldmarschall.“
Rechts: Generaloberst Jeremenko, Oberbefehlshaber der Stalingrad-Front, beim Kartenstudium. Nach der deutschen Kapitulation gab das Oberkommando der Roten Armee bekannt: „Heute, am 2. Februar, haben die Truppen der Don-Front die Liquidierung der im Raum Stalingrad eingekesselten faschistischen Truppen vollständig beendet. Die Rote Armee hat den Widerstand des nördlich von Stalingrad eingekesselten Feindes gebrochen und ihn gezwungen, die Waffen zu strekken. Der letzte Widerstandsherd des Feindes im Bezirk Stalingrad ist vernichtet.“

dass am Traktorenwerk eine pferdebespannte russische Kolonne stünde. Der Kampf war zu Ende. Rund 91.000 Soldaten, darunter 24 Generale und etwa 2.500 Offiziere, fielen in russische Kriegsgefangenschaft. Seit 1806, dem Jahr der schweren Niederlage bei Jena und Auerstedt gegen Napoleon, war es die schwerste Niederlage, die je ein preußisch-deutsches Heer erlitten hatte. Hitler äußerte gegenüber General Scherff, dem Beauftragten für die kriegsgeschichtliche Forschung im OKW: „Hätte ich das geahnt, wäre Paulus kein Feldmarschall geworden. Sie haben alle an der Schwelle der Unsterblichkeit versagt."

Am 3. Februar 1943 meldete der Wehrmachtbericht, der Kampf um Stalingrad sei zu Ende, eines könne schon jetzt gesagt werden: Das Opfer der Armee sei nicht umsonst gewesen. Für drei Tage schlossen auf Befehl des Reichspropagandaministers sämtliche Theater, Kinos und Varietés. An der propagandistischen Front verstand ein Mann von der Geschicklichkeit Goebbels' es meisterhaft, die Niederlage zum Sieg, zum Ansporn zu höchster Kraftanstrengung umzumünzen. Sämtliche Bars, Luxuslokale und Geschäfte, die nicht dem unmittelbaren Massenbedarf dienten, wurden geschlossen, um Arbeitskräfte frei zu machen.

Die Katastrophe von Stalingrad war die große Wende, nicht nur innenpolitisch durch das Wiederaufleben der militärischen Résistance im Heer, sondern auch außenpolitisch. Sie hatte eine schwere Erschütterung des so locker und hastig zusammengerafften und so heterogen zusammengesetzten deutschen Machtbereichs zur Folge. Die bisher abwartenden Neutralen, die Türkei, Schweden, Portugal, zogen sich merklich zurück. Schweden kündigte in der Folge im Sommer 1943 den Urlaubertransitverkehr und die Genehmigung für die Instandsetzung von Kraftfahrzeugen der Lappland-Armee in schwedischen Werkstätten. Portugal überließ die Azoren den Alliierten als Stützpunkt. In Italien übernahm Mussolini die Leitung des Außenministeriums und suchte seinen antideutsch eingestellten Schwiegersohn, Galeazzo Ciano Graf von Cortellazzo, mit dem Posten eines Vertreters beim Vatikan abzufinden. In Ungarn regten sich Bestrebungen, im Verein mit Italien aus dem Krieg auszuscheiden. Schon 1942 war es in Budapest bei gesellschaftlichen Veranstaltungen vorgekommen, dass italienische und ungarische Offiziere Trinksprüche darauf ausgebracht hatten, dass zwei Länder mit England zusammen den Krieg beenden würden: Italien und Ungarn. Finnland erlebte eine ernste politi-

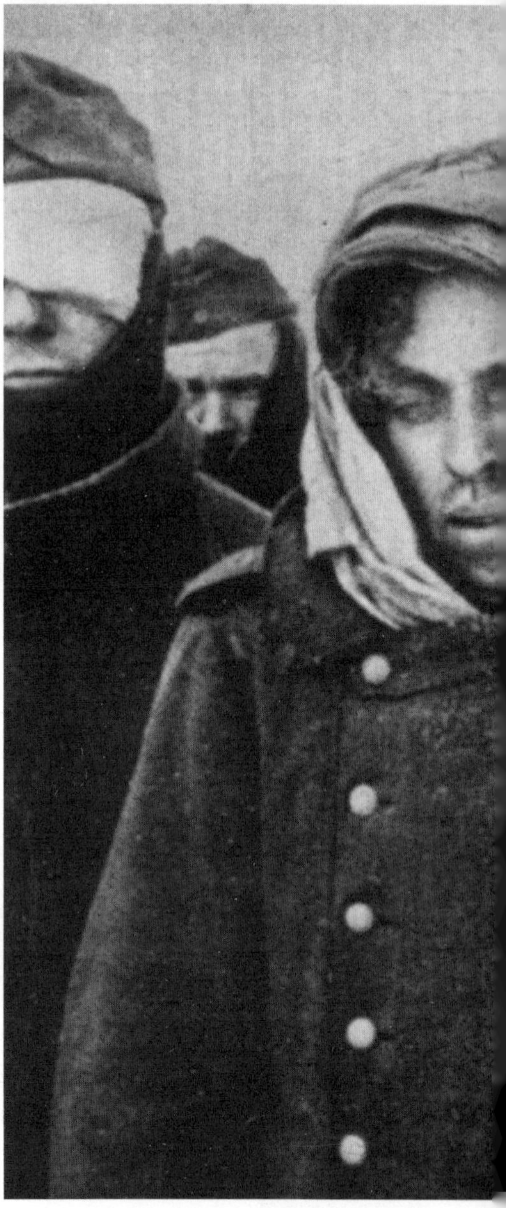

In seiner letzten Lagemeldung vom 31. Januar 1943 funkte Paulus aus Stalingrad: „Die 6. Armee hat getreu ihrem Fahneneid für Deutschland bis zum letzten Mann und bis zur letzten Patrone, eingedenk ihres hohen und wichtigen Auftrages, die Position für Führer und Vaterland bis zuletzt gehalten." Erschöpft, apathisch und ausgelaugt gerieten 90.000 deutsche Soldaten in russische Gefangenschaft. Nur 6.000 von ihnen sollten die Heimat wiedersehen.

sche Krise, Bestrebungen setzten ein, mit amerikanischer Vermittlung einen Vergleichsfrieden mit der Sowjetunion zu schließen. Finnland wagte 1943 keine neue Offensive an der Murmansk-Front mehr, obwohl die 20. deutsche Armee in Lappland und die finnische Armee noch völlig intakt waren, aus Besorgnis, die Vereinigten Staaten könnten solchen Schritt als unfreundlichen Akt auffassen und Finnland den Krieg erklären. Am klarsten erkannte der spanische Generalissimus Francisco Franco die große Wende. Schon im September 1942 hatte in Madrid ein Wechsel im Außenministerium stattgefunden: Serrano Suner, der Vertreter des Kurses der Nichtkriegführung, war durch den als anglophil geltenden und als Verfechter strikter Neutralität bekannten Grafen Jordana ersetzt worden. Im Verlauf des Jahres wurde die „Blaue Division" aus Russland zurückgerufen. Die deutsche Niederlage in Russland weckte in Franco die Befürchtung, das deutsche Bollwerk in Mitteleuropa, der historische Schutzwall des Abendlandes gegen den Osten, könne gänzlich zerbrechen, Sowjetrussland könne seinen Einfluss bis an die Atlantikküste ausdehnen. Im Februar 1943 versuchte er sich mit Churchill in Verbindung zu setzen und ihm diese Idee zu unterbreiten. Doch für Churchill galt nur die Parole des „Unconditional Surrender", der bedingungslosen Kapitulation. Am 18. Februar 1943 sprach der Reichspropagandaminister Dr. Joseph Goebbels im Berliner Sportpalast vor Zehntausenden von Menschen. Er legte ihnen zehn grundsätzliche Fragen zur Kriegführung vor; längst war er im Inneren unzufrieden mit der im Vergleich etwa zu England und Russland weit geringeren Mobilisierung der letzten Reserven der Volkskraft für den Krieg. Seine Fragen erheischten, wie er rief, nur eines: das Ja fanatischer Entschlossenheit. „Ich frage euch", so schrie er, „wollt ihr den totalen Krieg?" Die Menge antwortete mit einem brausenden „Ja!"

Wollt ihr den totalen Krieg?

Nach der Katastrophe von Stalingrad hielt Reichspropagandaminister Dr. Goebbels am 18. Februar 1943 im Berliner Sportpalast seine demagogische Durchhalte-Rede, die im Folgenden nach dem Text der „Deutschen Allgemeinen Zeitung" ausschnittweise wiedergegeben ist:

Ich gebe meiner tiefen Überzeugung Ausdruck, daß das deutsche Volk durch den tragischen Schicksalsschlag von Stalingrad innerlich auf das tiefste geläutert worden ist. Es hat dem Krieg in sein hartes und erbarmungsloses Antlitz hineingeschaut. Es weiß nun die grausame Wahrheit und ist entschlossen, mit dem Führer durch dick und dünn zu gehen. [Wie ein Meer erhebt sich die begeisterte Menge, und nicht endenwollende Sprechchöre „Führer befiehl, wir folgen dir!", „Heil unserm Führer!" hindern den Minister minutenlang am Weiterreden.]

...

Was kann uns geschehen, wenn wir uns den harten Proben dieses Krieges mit fester Entschlossenheit unterziehen! An der Sicherheit unseres Sieges gibt es bei uns keinen Zweifel. [Dröhnendes Getrampel von allen ·Rängen bekundet die Zuversicht, die die Worte des Ministers bei den Massen hervorrufen.]

Während unsere Fronten im Osten ihre gigantischen Abwehrschlachten gegen den Ansturm der Steppe schlagen, rast der Krieg unserer U-Boote über die Weltmeere. Der feindliche Tonnageraum erleidet Einbußen, die auch durch künstlich noch so hochgeschraubte Ersatz- und Neubauten bei weitem nicht wieder wettgemacht werden können. Im übrigen aber wird der Feind uns im kommenden Sommer wieder in alter Offensivkraft kennenlernen! Das deutsche Volk ist entschlossen, dem Führer dazu unter Aufbietung all seiner Energien die nötige Möglichkeit zu verschaffen.

In diesen Tagen hat sich die englische und amerikanische Presse sehr ausgiebig mit der Haltung des deutschen Volkes in der gegenwärtigen Krise befaßt. Die Engländer kennen das deutsche Volk nach ihren Angebereien bekanntlich viel besser als wir, seine eigene Führung. Sie geben uns scheinheilig Ratschläge, was wir zu tun und zu lassen hätten, immer in der irrigen Ansicht, das deutsche Volk von heute gleiche dem deutschen Volk vom November 1918, das auf ihre Verführungskünste hereinfiel. Ich habe es nicht nötig, gegen diese Annahme den Gegenbeweis zu führen. Der Gegenbeweis wird vom kämpfenden und arbeitenden deutschen Volk jeden Tag aufs neue erhärtet.

... Ich habe heute zu dieser Versammlung nun einen Ausschnitt des deutschen Volkes im besten Sinne des Wortes eingeladen. Vor mir sitzen reihenweise deutsche Verwundete von der Ostfront, Bein- und Armamputierte, mit zerschossenen Gliedern, Kriegsblinde, die mit ihren Rotekreuzschwestern gekommen sind, Männer in der Blüte ihrer Jahre, die vor sich ihre Krücken stehen haben. Dazwischen zähle ich an die fünfzig Träger des Eichenlaubes und des Ritterkreuzes, eine glänzende Abordnung unserer kämpfenden Front. Hinter ihnen erhebt sich ein Block von Rüstungsarbeitern und -arbeiterinnen aus den Berliner Panzerwerken. Wieder hinter ihnen sitzen Männer aus der Parteiorganisation, Soldaten aus der kämpfenden Wehrmacht, Ärzte, Wissenschaftler, Künstler, Ingenieure und Architekten, Lehrer, Beamte und Angestellte aus den Ämtern und Büros, eine stolze Vertreterschaft unseres geistigen Lebens in all seinen Schichtungen, dem das Reich gerade jetzt im Kriege Wunder der Erfindung und des menschlichen Genies verdankt. Über das ganze Rund des Sportpalastes verteilt sehe ich Tausende von deutschen Frauen. Die Jugend ist hier vertreten und das Greisenalter. Kein Stand, kein Beruf und kein Lebensjahr blieb bei der Einladung unberücksichtigt. [Die Aufzählung des Ministers wird von stürmischen Kundgebungen begleitet, die sich in einem nicht endenwollenden Beifall und stärkster Zustimmung für die im Sportpalast anwesenden Vertreter der Wehrmacht kundtun.] Ich kann also mit Fug und Recht sagen: Was hier vor mir sitzt, ist ein Ausschnitt aus dem ganzen deutschen Volk an der Front und in der Heimat. Stimmt das? [Der Sportpalast erlebt im Augenblick dieser Fragenstellung eine Kundgebung, wie sie selbst diese alte Kampfstätte des Nationalsozialismus nur an besonderen Höhepunkten nationalen Geschehens erlebt hat. Die Masse springt wie elektrisiert von ihren Plätzen. Wie ein Orkan braust ein vieltausendstimmiges Ja durch das weite Rund. Was die Teilnehmer dieser Kundgebung erleben, ist eine Volksabstimmung und Willensäußerung, wie sie spontaner keinen Ausdruck finden kann.]

Ihr also, meine Zuhörer, repräsentiert in diesem Augenblick die Nation. Und an Euch möchte ich zehn Fragen richten, die Ihr mir mit dem deutschen Volk vor der ganzen Welt, insbesondere aber vor unseren Feinden, die uns auch an ihrem Rundfunk zuhören, beantworten sollt [Nur mit Mühe kann sich der Minister für die nun folgenden Fragen Gehör verschaffen. Die Masse befindet sich in einem Zustand äußerster Hochstimmung. Messerscharf fallen die einzelnen Fragen. Jeder einzelne fühlt sich persönlich angesprochen. Mit letzter Anteilnahme und Begeisterung gibt die Masse auf jede einzelne Frage die Antwort. Der Sportpalast hallt wider von einem einzigen Schrei der Zustimmung.]:

Die Engländer behaupten, das deutsche Volk habe den Glauben an den Sieg verloren.

Ich frage Euch: Glaubt Ihr mit dem Führer und mit uns an den endgültigen, totalen Sieg des deutschen Volkes?

Ich frage Euch: Seid Ihr entschlossen, dem Führer in der Erkämpfung des Sieges durch dick und dünn und unter Aufnahme auch der schwersten persönlichen Belastungen zu folgen?

Zweitens: Die Engländer behaupten, das deutsche Volk ist des Kampfes müde.

Ich frage Euch: Seid Ihr bereit, mit dem Führer als Phalanx der Heimat hinter der kämpfenden Wehrmacht stehend diesen Kampf mit wilder Entschlossenheit und unbeirrt durch alle Schicksalsfügungen fortzusetzen, bis der Sieg in unseren Händen ist?

Unter dem Motto „Totaler Krieg – kürzester Krieg" hielt Goebbels seine Rede am 18. Februar 1943 im Berliner Sportpalast.

Drittens: Die Engländer behaupten, das deutsche Volk hat keine Lust mehr, sich der überhand nehmenden Kriegsarbeit, die die Regierung von ihm fordert, zu unterziehen.
Ich frage Euch: Seid Ihr und ist das deutsche Volk entschlossen, wenn der Führer es befiehlt, zehn, zwölf, und, wenn nötig, 14 und 16 Stunden täglich zu arbeiten und das Letzte herzugeben für den Sieg?
Viertens: Die Engländer behaupten, das deutsche Volk wehrt sich gegen die totalen Kriegsmaßnahmen der Regierung. Es will nicht den totalen Krieg, sondern die Kapitulation. [Zurufe: Niemals! Niemals! Niemals!]
Ich frage euch: Wollt Ihr den totalen Krieg? Wollt Ihr ihn, wenn nötig, totaler und radikaler, als wir ihn uns heute überhaupt noch vorstellen können?
Fünftens: Die Engländer behaupten, das deutsche Volk hat sein Vertrauen zum Führer verloren.
Ich frage Euch: Ist Euer Vertrauen zum Führer heute größer, gläubiger und unerschütterlicher denn je? [Die Menge erhebt sich wie ein Mann. Die Begeisterung der Masse entlädt sich in einer Kundgebung nicht dagewesenen Ausmaßes. Vieltausendstimmige Sprechchöre brausen durch die Halle: „Führer befiehl, wir folgen!" Eine nicht abebbende Woge von Heilrufen auf den Führer braust auf. Wie auf ein Kommando erheben sich nun die Fahnen und Standarten, höchster Ausdruck des weihevollen Augenblicks, in dem die Massen dem Führer huldigen.] Ist Eure Bereitschaft, ihm auf allen seinen Wegen zu folgen und alles zu tun, was nötig ist, um den Krieg zum siegreichen Ende zu folgen, eine absolute und uneingeschränkte?
Ich frage Euch als sechstes: Seid Ihr bereit, von nun ab Eure ganze Kraft einzusetzen und der Ostfront die Menschen und Waffen zur Verfügung zu stellen, die sie braucht, um dem Bolschewismus den tödlichen Schlag zu versetzen?
Ich frage Euch siebentens: Gelobt ihr mit heiligem Eid der Front, daß die Heimat mit starker Moral hinter ihr steht und ihr alles geben wird, was sie nötig hat, um den Sieg zu erkämpfen?
Ich frage Euch achtens: Wollt Ihr, insbesondere Ihr Frauen selbst, daß die Regierung dafür sorgt, daß auch die deutsche Frau ihre ganze Kraft der Kriegführung zur Verfügung stellt und überall da, wo es nur möglich ist, einspringt, um Männer für die Front frei zu machen und damit ihren Männern an der Front zu helfen?
Ich frage Euch neuntens: Billigt Ihr, wenn nötig, die radikalsten Maßnahmen gegen einen kleinen Kreis von Drückebergern und Schiebern, die mitten im Kriege Frieden spielen und die Not des Volkes zu eigensüchtigen Zwecken ausnutzen wollen? Seid ihr damit einverstanden, daß, wer sich am Krieg vergeht, den Kopf verliert?
Ich frage euch Zehntens und zuletzt: Wollt ihr, daß, wie das nationalsozialistische Parteiprogramm es gebietet, gerade im Kriege gleiche Rechte und gleiche Pflichten vorherrschen, daß die Heimat die schweren Belastungen des Krieges solidarisch auf ihre Schultern nimmt und daß sie für Hoch und Niedrig und Arm und Reich in gleicher Weise verteilt werden?
Ich habe euch gefragt; ihr habt mir eure Antwort gegeben. Ihr seid ein Stück Volk, durch euren Mund hat sich damit die Stellungnahme des deutschen Volkes manifestiert.
Ihr habt unseren Feinden das zugerufen, was sie wissen müssen, damit sie sich keinen Illusionen und falschen Vorstellungen hingeben.
Somit sind wir, wie von der ersten Stunde unserer Macht an und durch all die zehn Jahre hindurch, fest und brüderlich mit dem deutschen Volk vereint. Der mächtigste Bundesgenosse, den es auf dieser Welt gibt, das Volk selbst, steht hinter uns und ist entschlossen, mit dem Führer, koste es, was es wolle, und unter Aufnahme auch der schwersten Opfer den Sieg kämpfend zu erstreiten. Welche

Reichsminister für Volksaufklärung und Propaganda Dr. Joseph Goebbels.

Macht der Welt könnte uns jetzt noch hindern, alles das durchzusetzen und zu erfüllen, was wir uns als Ziel gesteckt haben. Jetzt wird und muß es uns gelingen. Ich stehe hier vor Euch nicht nur als Sprecher der Regierung, sondern auch als Sprecher des Volkes. Um mich herum sitzen meine alten Freunde aus der Partei, die hohe Ämter in der Führung von Volk und Staat bekleiden. Neben mir sitzt Parteigenosse Speer, der vom Führer den geschichtlichen Auftrag erhalten hat, die deutsche Rüstungswirtschaft zu mobilisieren und der Front Waffen in Hülle und Fülle zu liefern. Neben mir sitzt Parteigenosse Dr. Ley, der vom Führer den Auftrag erhalten hat, die Führung der deutschen Arbeiterschaft durchzuführen und sie in unermüdlichem Einsatz für ihre Kriegspflichten zu schulen und zu erziehen. Wir fühlen uns verbunden mit unserem Parteigenossen Sauckel, der vom Führer den Auftrag erhalten hat, ungezählte Hunderttausende von Arbeitskräften ins Reich zu bringen, die einen Zuschuß an die nationale Wirtschaft darstellen, der vom Feind überhaupt nicht eingeholt werden kann. Darüber hinaus sind mit uns vereinigt alle Führer der Partei, der Wehrmacht und des Staates.
Wir alle, Kinder unseres Volkes, zusammengeschweißt mit dem Volke in der größten Schicksalsstunde unserer nationalen Geschichte, wir geloben Euch, wir geloben der Front und wir geloben dem Führer, daß wir die Heimat zu einem Willensblock zusammenschweißen wollen, auf den sich der Führer und seine kämpfenden Soldaten unbedingt und blindlings verlassen können. Wir verpflichten uns, in unserem Leben und Arbeiten alles zu tun, was zum Siege nötig ist. Unsere Herzen wollen wir erfüllen mit jener politischen Leidenschaft, die uns immer in den großen Kampfzeiten der Partei und des Staates wie ein ewig brennendes Feuer verzehrte. Nie wollen wir in diesem Kriege jener falschen und scheinheiligen Objektivitätsduselei verfallen, der die deutsche Nation in ihrer Geschichte schon so viel Unglück zu verdanken hat.
Als dieser Krieg begann, haben wir unsere Augen einzig und allein auf die Nation gerichtet. Was ihr und ihrem Lebenskampf dient, das ist gut und muß erhalten und gefördert werden. Was ihr und ihrem Lebenskampfe schadet, das ist schlecht und muß beseitigt und abgeschnitten werden. Mit heißem Herzen und kühlem Kopf wollen wir an die Bewältigung der großen Probleme dieses Zeitabschnittes des Krieges herantreten. Wir beschreiten damit den Weg zum endgültigen Sieg. Er liegt begründet im Glauben an den Führer. So stelle ich denn an diesem Abend der ganzen Nation noch einmal ihre große Pflicht vor Augen. Der Führer erwartet von uns eine Leistung, die alles bisher Dagewesene in den Schatten stellt. Wir wollen uns seiner Forderung nicht versagen. Wie wir stolz auf ihn sind, so soll er stolz auf uns sein können.
In den großen Krisen und Erschütterungen des nationalen Lebens erst bewähren sich die wahren Männer, aber auch die wahren Frauen. Da hat man nicht mehr das Recht, vom schwachen Geschlecht zu sprechen, da beweisen beide Geschlechter die gleiche Kampfentschlossenheit und Seelenstärke. Die Nation ist zu allem bereit. Der Führer hat befohlen, wir werden ihm folgen. Wenn wir je treu und unverbrüchlich an den Sieg geglaubt haben, dann in dieser Stunde der nationalen Besinnung und der inneren Aufrichtung. Wir sehen ihn greifbar nahe vor uns liegen; wir müssen nur zufassen. Wir müssen nur die Entschlußkraft aufbringen, alles andere seinem Dienst unterzuordnen. Das ist das Gebot der Stunde. Und darum lautet die Parole:
Nun, Volk, steh' auf, und Sturm, brich los!
[Die letzten Worte des Ministers gehen in nicht endenwollenden, stürmischen Beifallskundgebungen unter.]

rliner Ausgabe

Berliner Ausgabe

Berlin, Donnerstag, 4. Februar 1943

VÖLKISCHER BEOBACHTER

Kampfblatt der nationalsozialistischen Bewegung Großdeutschlands

Der Kampf der 6. Armee um Stalingrad zu Ende

ie starben, damit Deutschland lebe

Getreu hremFahneneid

Zweimal die Auf-
orderung zur Über-
abe stolz abgelehnt

Aus dem Führerhauptquartier, 3. Februar

Die Helden der 6. Armee

Von Alfred Rosenberg

Unser Schwur: Vergeltung!

Letzte Briefe aus Stalingrad

Um die Stimmung der Truppe in Stalingrad kennenzulernen, hatte das Führerhauptquartier angeordnet, Feldpostbriefe aus der belagerten Stadt einzuziehen.
Als die letzte Maschine aus dem Kessel in Nowo-Tscherkask landete, wurden sieben Postsäcke beschlagnahmt. Das war im Januar 1943. Die Briefe wurden geöffnet, Anschrift und Absender entfernt. Danach wurden sie nach Inhalt und Tendenzen in sorgfältig verschnürten Bündeln dem Oberkommando der Wehrmacht übergeben.

Die statistische Erfassung der „Stimmung" besorgte die Heeresinformations-Abteilung und teilte sie in fünf Gruppen ein. Es ergab sich das folgende Bild:

A. Positiv zur Kriegsführung	2,1 %
B. Zweifelnd	4,4 %
C. Ungläubig, ablehnend	57,1 %
D. Oppositionell	3,4 %
E. Ohne Stellungnahme, indifferent	33,0 %

Linke Seite: Mit dieser Aufmachung brachte der „Völkische Beobachter" vom 4. Februar 1943 die Niederlage der 6. Armee in Stalingrad. Dass Stalingrad der Anfang vom Ende war, wurde schon bald deutlich. Von der Ostsee bis zum Schwarzen Meer war die Rote Armee Anfang 1943 angetreten, die Gesamtstoßrichtung des Ostkrieges umzukehren. Im Norden, in der Mitte und im Süden wurden tiefe Einbrüche in die deutschen Frontlinien erzielt. Das Gesetz des Handelns war endgültig an die Russen übergegangen. Bild rechts: Landser in der „weißen Hölle" Russlands.

Nach der statistischen Erfassung und Kenntnisnahme wurden die Briefe mit anderen Unterlagen einem Beauftragten überlassen, der ein großes Dokumentarwerk über die Schlacht an der Wolga verfassen sollte. Da das Material so niederschmetternd war, entschied der Propagandaminister: „Untragbar für das deutsche Volk." Die authentischen Abschriften gelangten in das Heeresarchiv Potsdam und wurden dort wenige Tage vor der Einnahme Berlins sichergestellt.

Wir sind ganz allein

... Hannes hat mich heute morgen auf dem Gefechtsstand dazu überredet, doch an Dich zu schreiben. Ich habe mich seit einer Woche um diesen Brief herumgedrückt und immer gedacht, dass die Ungewissheit zwar

qualvoll sei, aber immer noch einen Hoffnungsschimmer enthalte. So dachte ich auch über den Ausgang meines eigenen Schicksals nach und nahm täglich die Ungewissheit unserer Lage, die zwischen Hilfe und Untergang schwebte, mit in den Schlaf. Und ich bemühte mich auch nicht, das Zweifelhafte endgültig zu klären. Vielleicht aus Feigheit. Ich hätte dreimal unter der Erde liegen können, aber das wäre dann immer unvorbereitet gewesen, urplötzlich und überraschend. Jetzt ist es anders geworden, seit heute morgen weiss ich Bescheid und weil mir so freier ist, sollst Du auch von der bangen Ungewissheit befreit sein.
Ich war entsetzt, als ich die Karte gesehen habe. Wir sind ganz allein, ohne Hilfe von aussen. Hitler hat uns sitzen lassen. Dieser Brief geht noch ab, wenn der Flugplatz noch in unserem Besitz ist. Wir liegen im Norden der Stadt. Die Männer meiner Batterie ahnen es auch, aber sie wissen es nicht so genau wie ich. So also sieht das Ende aus. In Gefangenschaft gehen Hannes und ich nicht, ich habe gestern vier Mann gesehen, die von den Russen gefangengenommen waren, nachdem unsere Infanterie wieder den Stützpunkt genommen hatte. Nein, in Gefangenschaft gehen wir nicht. Wenn Stalingrad gefallen ist, wirst Du es hören und lesen und Du weisst dann, dass ich nicht wiederkehre.

Man kann nie wissen
... Nun schreibe ich wieder ein Brieflein, obschon ich gestern einen Brief geschrieben habe und noch einen zweiten an Hans Müllner. Du kannst Dich nicht beklagen, dass ich keine Post geschickt habe. Ein Kamerad nimmt diesen Brief mit. Ich gratuliere herzlich der Grossmutter zu ihrem 74. Geburtstage, und ich bedaure, dass ich nicht bei ihr Kuchen essen kann. Gibt es alles zum Kuchenbacken? Wir haben keinen Kuchen, doch wenn wir erst raus sind, gibt es wieder alles, solange wird der Gürtel eben enger gezogen. Gehe zur Sparkasse, hole fünfzig Mark ab und kaufe ein Geschenk für Grossmutter, sie soll sich tüchtig freuen. Bergers haben sicher noch Kaffee, ihr Mann ist doch in der Hafenverwaltung. Wenn die welchen haben, geben sie ihn Dir bestimmt. Du musst eben sagen, dass es für den Geburtstag ist. Ich habe Bergers auch schon viele Gefallen getan.

Granatwerfer im Einsatz. Volle Deckung in Schnee und Eis.

Ich schreibe lauter Blödsinn. Aber besser Blödsinn, als gar keine Post. Und man kann nie wissen, ob nicht

eine Kugel bereits gegossen ist. Habe bloss keine Angst um uns. Wir kommen bestimmt raus und fahren dann alle erst vier Wochen auf Urlaub. Es ist jetzt hier sehr kalt, liegt dort auch Schnee? Wir brauchen hier nicht zu streuen, jeder muss aufpassen, dass er nicht fällt.

Diese furchtbaren Zweifel

... So nun weisst Du es, dass ich nicht wiederkomme. Bringe es unseren Eltern schonend bei. Ich bin schwer erschüttert und zweifle sehr an allem. Einst war ich gläubig und stark, jetzt bin ich klein und ungläubig. Vieles, was hier vor sich geht, werde ich nicht erfahren, aber das wenige, das ich mitmache, ist schon so viel, dass ich es nicht schlucken kann. Mir kann man nicht einreden, dass die Kameraden mit dem Worte „Deutschland" oder „Heil Hitler" auf den Lippen starben. Gestorben wird, das lässt sich nicht leugnen, aber das letzte Wort gilt der Mutter oder dem Menschen, den man am liebsten hat, oder nur dem Ruf nach Hilfe. Ich habe schon Hunderte fallen und sterben gesehen und viele gehörten wie ich der HJ an, aber sie haben alle, wenn sie noch konnten, um Hilfe gerufen oder nach einem Namen, der ihnen doch nicht helfen konnte.

Der Führer hat fest versprochen, uns hier herauszuhauen, das ist uns vorgelesen worden und wir glaubten auch fest daran. Ich glaube es heute noch, weil ich doch an etwas glauben muss. Wenn das nicht wahr ist, woran sollte ich dann noch glauben? Dann brauchte ich keinen Frühling und keinen Sommer mehr und nichts mehr, was Freude macht. Lass mir diesen Glauben, liebe Greta, ich habe mein ganzes Leben oder wenigstens acht Jahre davon immer an den Führer und sein Wort geglaubt. Es ist entsetzlich, wie sie hier am Zweifeln sind, und beschämend die Worte zu hören, gegen die man nichts sagen kann, denn die Tatsachen sprechen für sie.

Wenn es nicht wahr ist, was man uns versprach, dann wird Deutschland verloren sein, denn in diesem Fall kann kein Wort mehr gehalten werden. Oh, diese Zweifel, diese furchtbaren Zweifel, wenn sie doch bald behoben werden.

Wir sind preußische Offiziere

... Heute ist es wohl nun so weit, dass ich Dir noch einmal Grüsse senden muss und auch bitte, alle Lieben zu Haus noch einmal von mir zu grüssen.

Der Russe ist überall durch. Unsere Truppen, durch die lange Hungersperiode ohne ... Möglichkeit seit Beginn des Einsatzes ohne einen Tag Unterbrechung in schwerstem Kampf stehend, in ihrer physischen Kraft völlig erschöpft, haben Heldenhaftes

geleistet. Es ergibt sich auch keiner! Wenn Brot, Munition, Betriebsstoff und Menschen ausgehen, dann ist es für den Gegner weiss Gott kein Sieg, uns noch zu zerdrücken!
Wir sind uns klar darüber, schweren Führungsfehlern zum Opfer gefallen zu sein, auch wird die Aufreibung der Festung Stalingrad unserem Volk und Volkstum überhaupt schwersten Schaden zufügen. Aber trotzdem glauben wir noch an eine glückhafte Auferstehung unseres Volkes. Dafür werden ja Männer wahrhaften Herzens Sorge tragen! Es wird bei Euch zu Hause ganze Arbeit geleistet werden müssen, um allen Wahnwitzigen, Narren und Verbrechern das Handwerk zu legen. Und die da nach Hause kommen, werden sie wegfegen wie Spreu vor dem Wind! Wir sind preussische Offiziere und wissen, was wir zu tun haben, wenn es an uns herankommt.
Wenn ich mein Leben bisher noch einmal überschaue, so kann ich voll Dankbarkeit zurückschauen. Es ist schön gewesen, wunderschön. Es war wie das Aufsteigen auf einer Leiter und selbst diese letzte Sprosse als Krönung ist schön, ich möchte fast sagen harmonisch abschliessend.
Du musst den Eltern sagen, dass sie nicht traurig sein dürfen, sie sollen mich fröhlichen Herzens in der Erinnerung erhalten. Keinen Glorienschein, bitte, ich war nie ein Engel! Und ich werde auch nie als ein solcher vor meinen Herrgott hintreten wollen; ich werde es können als Soldat mit einer freien, stolzen Reiterseele, als Herr! Vor dem Tod habe ich keine Angst, mein Glaube gibt mir diese schöne (Freimütigkeit?). Dafür bin ich besonders dankbar.
Gib mein Vermächtnis weiter an die, die nach uns kommen: erzieh sie zu Herren! Strenge Einfachheit des Denkens und Handelns! Keine Verzettelung!
Helft durch besondere Liebe den Eltern, den ersten Schmerz zu überwinden. Richtet mir wie Onkel X. ebenso ein schönes, schlichtes Holzkreuz auf dem Parkfriedhof.
Erhalte Sch. als Herrensitz der X. Das ist mein grosser Wunsch. In meinem Schreibpult liegt ein Brief, in dem hielt ich während des letzten Urlaubs meine Wünsche fest.
So, nun wende ich mich an Euch Lieben alle. Habt nochmals Dank für alles, und Kopf hoch! Weiter vorwärts!

Ich umarme Euch alle!

Erstarrter Stalingrad-Kämpfer in einem Massengrab für deutsche Gefallene.

Nur Gott war nicht da

... In Stalingrad die Frage nach Gott stellen, heisst sie verneinen. Ich muss Dir das sagen, lieber Vater, und es ist

mir doppelt leid darum. Du hast mich erzogen, weil mir die Mutter fehlte, und mir Gott immer vor die Augen und die Seele gestellt.
Und doppelt bedaure ich meine Worte, weil es meine letzten sein werden, und ich hiernach keine Worte mehr sprechen kann, die ausgleichen könnten und versöhnen.

Du bist Seelsorger, Vater, und man sagt in seinem letzten Brief nur das, was wahr ist oder von dem man glaubt, dass es wahr sein könnte. Ich habe Gott gesucht in jedem Trichter, in jedem zerstörten Haus, an jeder Ecke, bei jedem Kameraden, wenn ich in meinem Loch lag, und am Himmel. Gott zeigte sich nicht, wenn mein Herz nach ihm schrie. Die Häuser waren zerstört, die Kameraden so tapfer oder so feige wie ich, auf der Erde war Hunger und Mord, vom Himmel kamen Bomben und Feuer, nur Gott war nicht da. Nein, Vater, es gibt keinen Gott. Wieder schreibe ich es und weiss, dass es entsetzlich ist, und von mir nicht wieder gutzumachen. Und wenn es doch einen Gott geben sollte, dann gibt es ihn nur bei Euch, in den Gesangbüchern und Gebeten, den frommen Sprüchen der Priester und Pastöre, dem Läuten der Glocken und dem Duft des Weihrauches, aber in Stalingrad nicht.

Mit schwerem Herzen

... Sechsundzwanzigmal habe ich Dir schon aus dieser verfluchten Stadt geschrieben und Du hast mir mit siebzehn Briefen geantwortet. Nun schreibe ich noch einmal und dann nicht mehr. So, da steht es, ich habe lange darüber nachgedacht, wie ich diesen Satz formulieren sollte, um alles in ihm zu sagen und doch nicht so weh zu tun.
Ich nehme Abschied von Dir, weil die Entscheidung seit heute morgen gefallen ist. Ich will in einem Brief die militärische Seite gänzlich unberücksichtigt lassen, sie ist eine eindeutige Angelegenheit der Russen und die Frage geht nur dahin, wie lange wir noch dabei sind. Es kann noch ein paar Tage dauern oder ein paar Stunden. Unser persönliches Leben liegt vor uns. Wir haben uns geachtet und geliebt und zwei Jahre gewartet. Es ist schon richtig gewesen, dass die Zeit dazwischen liegt, sie hat zwar die Spannung auf das Wiedersehen erhöht, aber auch in starkem Masse die Entfremdung gefördert. Die Zeit ist es, die auch die Wunden meiner Nichtwiederkehr schliessen muss.
Du wirst im Januar 28 Jahre alt, das ist noch sehr jung für eine so hübsche Frau, und ich freue mich, dass ich Dir dieses Kompliment immer wieder machen durfte. Du wirst mich sehr vermissen, aber schliesse Dich trotzdem nicht ab von den Menschen. Lass ein paar Monate dazwischen liegen, aber nicht länger. Denn Gertrud

und Claus brauchen einen Vater. Vergiss nicht, dass Du für die Kinder leben musst und mach um ihren Vater nicht viel Wesens. Kinder vergessen sehr schnell und in dem Alter noch leichter. Sieh Dir den Mann, auf den Deine Wahl fällt, genau an und achte auf seine Augen und seinen Händedruck, so wie das bei uns der Fall gewesen ist, und Du wirst Dich nicht täuschen. Vor allem eins, erzieh die Kinder zu aufrechten Menschen, die den Kopf hoch tragen und jedem ins Angesicht blicken können. Ich schreibe mit schwerem Herzen diese Zeilen, Du würdest es mir auch nicht glauben, wenn ich schrieb, dass es mir leicht fiele, aber mach Dir keine Sorgen, ich habe keine Angst vor dem, was kommt. Sage es Dir immer wieder, und den Kindern auch, wenn sie älter geworden sind, dass ihr Vater nie feige gewesen ist, und dass sie es nie sein sollen.

Schreien und stöhnen

... Dieser Brief fällt mir schon schwer, wie schwer wird er Dir erst sein. Es ist leider keine gute Nachricht, die in diesem Brief steht. Und sie ist auch dadurch nicht besser geworden, daß ich zehn Tage gewartet habe. Nun hat sich unsere Lage so verschlimmert, daß die Befürchtung laut wurde, bald völlig von der Außenwelt abgeschnitten zu sein. Es wurde vor kurzem versichert, daß diese Post noch bestimmt abgeht. Wenn ich wüßte, daß es noch eine Gelegenheit gäbe, dann würde ich noch warten, aber ich weiß es eben nicht, und wohl oder übel muß ich mit der Sprache heraus. Der Krieg ist für mich aus.

Ich liege im Lazarett in Gumrak und warte auf den Abtransport mit dem Flugzeug. So sehnsüchtig ich auch warte, immer verschiebt sich der Termin wieder. Daß ich heimkomme, ist eine große Freude für mich und auch für meine liebe Frau, die Du doch bist. Wie ich aber nach Hause komme, wird Dir keine Freude sein. Ich bin ganz verzweifelt, wenn ich daran denke, als Krüppel vor Dir zu liegen. Aber Du mußt es doch einmal wissen, daß meine Beine abgeschossen sind. Ich will es ganz ehrlich schreiben. Das rechte Bein ist ganz zerschmettert und unterm Knie amputiert und das linke am Oberschenkel abgenommen. Der Oberarzt meint, mit Prothesen könnte ich herumlaufen wie ein Gesunder. Der Oberarzt ist ein guter Mann und er meint es auch gut. Ich wünschte, daß er recht bekommt. Nun weißt Du es schon vorher. Liebe Elise, ich möchte nur wissen, was Du denkst. Ich habe den ganzen Tag Zeit und denke nur daran. Und meine Gedanken beschäftigen sich viel mit Dir. Ich habe mir auch schon gewünscht, daß ich tot bin, aber es ist eine schwere Sünde, und man darf so was nicht aussprechen.

Oben: Das Gesicht des Stalingrad-Kämpfers.
Rechts: Straßenkämpfe in Stalingrad.

Im Zelt liegen noch über achtzig Mann, draußen aber liegen ungezählte Kameraden. Durch das Zelt hört man ihr Schreien und Stöhnen, und keiner kann ihnen helfen. Neben mir liegt ein Unteroffizier aus Bromberg mit schwerem Bauchschuß. Der Oberarzt sagt, er würde bald nach Hause kommen, aber zu dem Sanitäter sagte er, „länger als bis heute abend macht er es nicht mehr, laß ihn so lange liegen". Der Oberarzt ist doch ein guter Mann. Auf der anderen Seite, neben mir an der Wand, liegt ein Landser aus Breslau, der einen Arm ab und keine Nase mehr hat, und er sagte mir, daß er jetzt keine Taschentücher mehr gebrauchte. Als ich ihn gefragt habe, was er machte, wenn er weinen müßte, gab er mir die Antwort, alle hier, auch Du und ich, kommen gar nicht mehr zum Weinen. Um uns werden andere bald weinen.

Die Hölle an der Wolga

... Liebster Vater! Die Division ist ausgeschlackt für den Großkampf, aber der Großkampf wird nicht stattfinden. Du wirst Dich wundern, daß ich an Dich schreibe und an Deine Adresse im Amt, aber was ich in diesem Brief zu sagen haben, ist nur unter Männern zu sagen. Du wirst es in der Dir eigenen Form an Mutter weitergeben. Wir dürfen heute schreiben, heißt es bei uns. Das bedeutet für einen, der die Lage kennt, wir können es nur noch einmal.

Du bist Oberst, lieber Vater, und Generalstäbler. Du weißt, was das bedeutet und mir ersparst Du damit Erklärungen, die sentimental klingen könnten. Es ist Schluß. Ich denke, es wird noch ungefähr acht Tage lang gehen, dann ist der Kragen zu. Ich will nicht Gründe suchen, die man für oder gegen unsere Situation ins Feld führen könnte. Diese Gründe sind jetzt gänzlich unwichtig, und außerdem ohne Nutzen, aber wenn ich dazu etwas zu sagen habe, dann das eine: Sucht nicht nach Erklärungen für die Situation bei uns, sondern bei Euch und bei dem, der dieses zu verantworten hat. Haltet den Nacken steif. Du, Vater, und die mit Dir der gleichen Ansicht sind. Seid auf der Hut, damit nicht größeres Unheil über unser Vaterland kommt. Die Hölle an der Wolga soll Euch Warnung sein. Ich bitte Euch, schlagt diese Erkenntnis nicht in den Wind.

Und nun noch zum Gegenwärtigen. Von der Division sind noch 69 Mann verwendungsfähig. Bleyer lebt noch

und Hartlieb auch. Der kleine Degen hat beide Arme verloren, er wird wohl bald in Deutschland sein. Für ihn ist auch Schluß. Fragt ihn dann nach Einzelheiten, die für Euch wissenswert sind. D. hat keine Hoffnung mehr. ich möchte wissen, was er manchmal über die Lage und ihre Folgen denkt. Wir haben noch zwei MG und vierhundert Schuß. Einen Granatwerfer und 10 Granaten. Sonst nur noch Kohldampf und Müdigkeit. Berg ... ist mit 20 Mann ausgebrochen, ohne Befehl. Besser, in drei Tagen wissen, wie es ausgeht, als in drei Wochen. Kann es ihm nicht verdenken.
Zum Schluß das Persönliche. Du kannst Dich darauf verlassen, daß alles anständig zu Ende gehen wird. Ist ein bißchen früh mit dreißig Jahren, ich weiß. Keine Sentiments. Händedruck für Lydia und Helene. Kuß für die Mama (vorsichtig sein, alter Herr, Herzfehler bedenken), Kuß für Gerda. Grundsätzlich Gruß an alle übrigen. Hand an den Helm, Vater, Oberleutnant ... meldet sich bei Dir ab.

Zum Abschied herzlichen Dank

... Wieviel Briefe habe ich bis jetzt geschrieben?
Mit dem heutigen sind es meiner Rechnung nach 38. Sie haben mir im August geschrieben, dass Sie ein Postbuch führen, eine richtige Menschenkartei mit Adressen, Eigenarten, und wann Sie Ihren Briefpartner kennenlernten und wie die Freundschaft verlief. Ich habe mich köstlich darüber amüsiert. Haben Sie Ihrer Kartei auch das Bild hinzugesellt, das ich Ihnen sandte? Mein Briefbuch ist zu ungenau, Ihre Buchführung wird sicherlich meine Kreuzchen im Taschenkalender übertreffen. Schliesslich ist es ziemlich gleich, ob ich Ihnen 36 oder 37 Briefe geschrieben habe. Ich bin Ihr Briefpartner Nummer fünf. Es muss ganz interessant sein, alle Briefe zu lesen, die Sie bekamen. Denn diese kommen doch von allen Kriegsschauplätzen. Wenn der Krieg zu Ende ist, haben Sie einen stattlichen Erinnerungsband in Form von Briefen. Diese Weihnacht wollten wir uns in Karlsruhe treffen, zum erstenmal, das ging schief. Für die Zukunft sehe ich auch sehr, sehr schwarz. Es ist fast nichts mehr zu hoffen.
Gott sei Dank, jetzt ist mir der Übergang geglückt. Es wird nichts mit unserem Treffen und auch der Termin im neuen Jahr kann nicht eingehalten werden. Mädchen, Mädchen, das ist eine Panne. Blöd ist, dass man nur zugucken kann und das macht einen auf die Dauer verrückt. Wäre ich doch bloss im September, als der Splitter im Arm sass, nach der Heimat abgezwitschert. Aber ich wollte doch dabei sein, wenn wir Stalingrad nehmen, und diese verrückte Einstellung habe ich schon oft bedauert.
Es sind ganz lustige Briefe gewesen, die Sie von mir bekommen haben und ich war immer ein Spassvogel, das können Sie mir bestätigen, aber mit dem Spass ist jetzt nicht weiter-

Auf Vorposten in Stalingrad zur Abwehr sowjetischer Tanks. Im Schützengraben liegen die Panzerfäuste griffbereit.

zukommen, jetzt wird es ernst. Was werden Sie wohl in Spalte 6 Ihres Postbuches schreiben?
Schreiben Sie auf keinen Fall für „Grossdeutschland“ usw., denn das stimmt nicht. Schreiben Sie meinetwegen „für Hanna am soundsovielten“.
Hoffentlich finden Sie meinen Ton nicht frivol. Ich schrieb von Ihren anderen Briefpartnern. Davon werden bestimmt auch eines Tages einige ausfallen. Die Umstände sind aber andere. Die schreiben plötzlich nicht mehr. Ihre Briefe bleiben einfach weg. Ich teile es Ihnen ordnungsgemäss mit. Fräulein Hanna, dieses ist so quasi mein letzter Brief. Leben Sie wohl, die Hoffnung auf ein Wiedersehen wird diesem blödsinnigen Kampf, der ganz einseitig ist, zum Opfer fallen. Leben Sie wohl, und zum Abschied herzlichen Dank für die Zeit, die Sie mit Liebe an mich aufwandten. Erst wollte ich „verschwendeten“ schreiben, aber ich habe es mir noch überlegt, dass es keine Zeitverschwendung war, denn ich hatte viel Freude an Ihren Briefen.

Ich habe keinen Hass

... Nachdem ich nun weiss, woran ich bin, gebe ich Dir dein Wort zurück. Es ist mir nicht leicht geworden, aber die Gegensätze waren zu gross. Ich suchte eine Frau mit weitem Herzen, aber so weit sollte es nicht sein. Ich habe an Mutter schon geschrieben und ihr auch gesagt, was sie wissen soll. Erspare es mir bitte, Dir die Zeugen zu benennen und die Umstände, die mir die Beweise für Deinen Treubruch brachten. Ich habe keinen Hass gegen Dich, sondern gebe Dir den Rat, suche Dir einen guten Grund aus und beschleunige alles sehr. Ich habe an Dr. F... geschrieben, dass ich mit der Scheidung einverstanden bin. Und wenn ich nach sechs Monaten nach Hause komme, dann möchte ich durch nichts mehr an Dich erinnert werden.
Auf meinen Urlaub im Februar oder März werde ich verzichten.

Ich habe ihn erschossen

... Ich habe soviel in den letzten Nächten geweint, dass es mir selbst unerträglich scheint. Ich sah auch einen Kameraden weinen, aber aus einem anderen Grund. Er weinte um seine verlorenen Panzer, die sein ganzer Stolz waren. Und so unbegreiflich wie meine eigene Schwäche ist, so begreiflich ist es mir, dass ein Mann um totes Kriegsmaterial trauern kann. Ich bin Soldat und möchte glauben, dass die Panzer für ihn eben kein totes Material sind. Bemerkenswert in der Gesamtheit ist der Umstand, dass zwei Männer überhaupt weinen. Ich neigte immer leicht zu Tränen, ein erschütterndes Erlebnis, eine edle Tat liess mich weinen. Im Kino war das ebenso der Fall, oder wenn ich in einem Buch las oder ein Tier leiden sah. Ich trennte mich von der Umwelt und nahm an Gesehenem und Empfundenem Anteil. Verlorene materielle Werte habe ich dagegen nicht als Verlust empfunden. Also könnte ich auch nicht um Panzer weinen, die ohne Sprit in der offenen Steppe als Artillerie verwendet wurden und so mühelos zusammengeschossen sind. Dass dagegen ein untadeliger

Mensch und tapferer Soldat, hart und unbeugsam, wie ein Kind weinte, darüber flossen nun in der Nacht meine Tränen.
Am Dienstag schoss ich mit meinem Wagen zwei T 34 zusammen. Die Neugier hatte sie hinter unsere Linien getrieben. Es war prächtig und eindrucksvoll. Nachher fuhr ich an den qualmenden Trümmern vorbei. Aus der Luke hing ein Körper, der Kopf nach unten, seine Füsse waren festgeklemmt und brannten bis zum Knie. Der Körper lebte, der Mund stöhnte. Es müssen entsetzliche Schmerzen gewesen sein. Und es gab keine Möglichkeit, ihn zu befreien. Selbst wenn es diese Möglichkeit gegeben hätte, wäre er doch nach Stunden qualvoll gestorben. Ich habe ihn erschossen, und dabei liefen mir die Tränen über die Backen. Nun weine ich schon seit drei Nächten über den toten russischen Panzerfahrer, dessen Mörder ich bin. Die Kreuze vor Gumrak erschüttern mich und vieles, über das die Kameraden mit geschlossenem Mund hinwegsehen. Ich fürchte, nie mehr ruhig schlafen zu können, wenn ich heimkommen sollte zu Euch, Ihr Lieben. Mein Leben ist ein entsetzlicher Widerspruch. Ein psychologisches Unikum.
Ich habe jetzt eine schwere Pak übernommen und mir acht Mann, darunter vier Russen, organisiert. Wir neun schleppen die Kanone von einer Stelle zur anderen. Jedesmal, wenn sich der Wechsel vollzieht, bleibt ein brennender Panzer auf der Strecke. Es sind schon acht Stück geworden, und das Dutzend soll voll werden. Ich habe allerdings nur noch drei Schuss, und Panzerschiessen ist nicht wie Billardspielen. In der Nacht aber weine ich haltlos wie ein Kind. Was soll das bloss noch werden?

Lähmende Sorge
... Was jetzt mit uns geschehen wird, weiss niemand, ich jedenfalls glaube, dass es zu Ende ist. Das sind harte Worte, aber Ihr müsst sie verstehen, wie sie gemeint sind. Es ist anders geworden seit dem Tage, an dem ich Abschied nahm und Soldat wurde. Damals lebten wir noch in der Vorstellung, die von tausend Hoffnungen und Erwartungen gespeist wurde, dass sicherlich einmal alles gut würde. Und doch verbarg sich schon eine lähmende Sorge hinter den Abschiedsworten, die unser zwei Monate langes Glück als Mann und Frau trösten sollten. Ich erinnere mich noch eines Briefes von Dir, in dem Du schriebst, dass Du am liebsten das Gesicht in die Hände nehmen möchtest, um zu vergessen. Und ich schrieb Dir dann, dass es nötig sei und dass die Nächte im Osten viel dunkler und schwerer seien als daheim.
Die dunklen Nächte im Osten sind geblieben, und sie sind viel dunkler geworden, als ich jemals angenommen habe. In solchen Nächten lauscht man sehr oft nach dem tieferen Sinn des Lebens und gelegentlich bekommt man Antwort. Nun stehen Raum und Zeit zwischen uns, und ich bin im Begriff, über die Schwelle zu treten, die uns für ewig von unserer eigenen kleinen Welt trennt und in jene führt, die grösser, gefahrvoller, ja vernichtend ist. Wenn ich die Tage des Krieges gut hinter mich gebracht hätte, dann würde ich erst verstanden haben, was das bedeutet, Mann und Frau im rechten und tiefen Sinn zu sein. Nun, da diese letzten Zeilen an Dich gehen, weiss ich es auch.

Oben: Die letzte Zigarette?
Rechts: Gliederung der deutschen und der sowjetischen Front bei Stalingrad.

Wie ist das schrecklich
... Nun hat mir der Spieß gesagt, daß ich Weihnachten nicht nach Hause fahren kann. Ich habe ihm gesagt, daß er doch sein Versprechen halten muß, und er hat mich zum Rittmeister geschickt. Der Rittmeister hat gesagt, andere hätten Weihnachten auch auf Urlaub fahren wollen und sie hätten es ihren Angehörigen auch versprochen und nicht halten können. Und so könnte er auch nichts dafür, daß wir nicht fahren dürften. Wir sollten froh sein, daß wir noch lebten, hat der Rittmeister gesagt, und die lange Reise wäre auch nicht gut im kalten Winter.
Liebe Maria, nun mußt Du nicht böse sein, wenn ich nicht auf Urlaub komme. Ich denke oft an unser Haus und unsere kleine Luise. Ich frage mich, ob sie wohl schon lachen kann. Habt Ihr auch einen schönen Weihnachtsbaum? Wir sollen auch einen kriegen, wenn wir nicht in ein anderes Quartier kommen. Ich will nun nicht so viel von hier schreiben, sonst weinst Du darüber. Ich schicke Dir ein Bild mit, ich habe einen Bart darauf, es ist schon ein viertel Jahr alt und in Charkow von einem Kameraden gemacht. Es wird vieles hier gemunkelt, aber ich finde mich nicht durch. Manchmal habe ich Angst, daß wir uns nicht mehr wiedersehen. Das darf ein Mann nicht schreiben, hat mir der Heiner aus Krefeld gesagt, man ängstige nur seine Angehörigen damit. Aber wenn es doch wahr ist!
Maria, liebe Maria, ich habe immer drumherum geredet, der Spieß hat gesagt, es sei die letzte Post nach Hause, weil kein Flugzeug mehr ginge. Ich kann es nicht übers Herz bringen zu lügen. Und mit dem Urlaub wird es nun wohl nie wieder etwas werden. Wenn ich Dich doch nur noch einmal sehen könnte, wie ist das

Gliederung der deutschen Front bei Stalingrad

OB der Wehrmacht:
Hitler

Ob.d.H.: Hitler
Chef d. Genst.: General Zeitzler
Chef Op.Abt.: General Heusinger

Ob.d.L.: Göring
Chef: Generaloberst Jeschonnek

HGr.B: Generaloberst Frhr. v. Weichs
Chef: General v. Sodenstern

4. Panzerarmee (Hoth) | 6. Armee (Paulus) | 3. und 4. rum. Armee | 8. ital. Armee | 2. Armee | 2. ung. Armee

ab 21. 11. (24. 11.)
27. 11.

HGr. DON
OB: Feldmarschall v. Manstein
Chef: General Schulz
IA: Oberst i.G. Busse
Ic: Major i.G. Eismann

Luftflotte 4
Chef: Generaloberst v. Richthofen

4. Panzerarmee (Hoth)

6. Armee (Paulus)
Chef: General Schmidt
VO zum OKH: Oberst v. Zitzewitz

3. rum. Armee (Dumitrescu)

VIII. Fl.-Korps
General Fiebig

Gliederung der sowjetischen Front bei Stalingrad

OB: Stalin

STAWKA (Ob.-Kdo.)
Chef d. Genst.: Generaloberst Wassilewski

General Schukow

HGr. Südwestfront (Watutin)
1. Gardearmee (Ljeljuschenko)
5. Panzerarmee (Romanenko)
21. Schützenarmee (Tschistjakow)

2. Luftflotte (Smirnow)
17. Luftflotte (Krassowski)

Donfront (Rokossowski)
65. Schützenarmee (Batow)
24. Schützenarmee (Galanin)
66. Schützenarmee (Shadow)

16. Luftflotte (Rudenko)

Stalingradfront (Jeremenko)
62. Schützenarmee (Tschuikow)
64. Schützenarmee (Shumilow)
57. Schützenarmee (Tolbuchin)
51. Schützenarmee (Trufanow)
28. Schützenarmee (Gerasimenko)

8. Luftflotte (Chrukina)

schrecklich. Wenn Ihr die Kerzen ansteckt, dann denkt an Euren Vater in Stalingrad.

Die Lage ist unhaltbar geworden

... Wenn es einen Gott gibt, hast Du mir in Deinem letzten Brief geschrieben, dann bringt er Dich mir gesund und bald zurück, und Du schriebst weiter, ein Mensch wie Du, der Tiere und Blumen liebt, und niemand Unrecht tut, der sein Kind und seine Frau liebt und verehrt, wird immer im Schutze Gottes stehen.

Ich danke Dir für diese Worte, und den Brief trage ich immer im Brustbeutel bei mir. Aber Liebste, wenn Deine Worte nun gewogen werden und Du davon die Existenz Gottes abhängig machst, dann wirst Du vor eine schwere und große Entscheidung gestellt. Ich bin ein religiöser Mensch, Du warst immer ein gläubiger, nun wird das anders werden müssen, wenn wir beide die Konsequenzen aus unserer bisherigen Haltung ziehen, weil ein Umstand eingetreten ist, der alles, an das wir glaubten, über den Haufen wirft. Ich suche nach Worten, um es Dir zu sagen. Oder ahnst Du es bereits? Ich finde, es ist ein so merkwürdiger Ton in Deinem letzten Brief vom 8. Dezember. Wir haben Mitte Januar.

Dieses ist für lange Zeit, vielleicht für immer, mein letzter Brief, und von einem Kameraden, der zum Flugplatz muß, wird er mitgenommen, denn morgen soll die letzte Maschine aus dem Kessel fliegen. Die Lage ist unhaltbar geworden, der Russe steht drei km vor der letzten Flugbasis, und wenn diese verloren ist, kommt keine Maus mehr heraus und ich auch nicht. Gewiß, Hunderttausende andere auch nicht, aber es ist ein schwacher Trost, den eigenen Untergang mit anderen geteilt zu haben.

Wenn es einen Gott gibt. Drüben auf der anderen Seite sagen es auch viele, in England und in Frankreich sicherlich Millionen. Ich glaube nicht mehr, daß Gott gütig sein kann, denn sonst würde er ein so großes Unrecht nicht mehr zulassen. Ich glaub nicht mehr daran, denn sonst hätte Gott die Hirne der Menschen erleuchtet, die diesen Krieg begannen und immer vom Frieden und vom Allmächtigen in drei Sprachen redeten. Ich glaube nicht mehr an Gott, weil er uns verraten hat. Ich glaube nicht mehr, und Du mußt sehen, wie Du mit Deinem Glauben fertig wirst.

Schinken und Sülze

... Leider war es kein schönes Weihnachtsfest, von dem ich Dir berichten muss, aber wir hatten es recht gemütlich warm. Unsere Stellung liegt direkt an der Wolga. Wir haben Rum erwischt, er war etwas dünn, hat aber vortrefflich geschmeckt. Mein Kumpel hat von der Division etwas mitgebracht. Schinken und Sülze. Sicher hat er es aus der Küche geklaut, aber

Oben: Tod beim Essenholen.
Rechts: Ungewisses Schicksal Gefangenschaft. Insgesamt gerieten während des Zweiten Weltkrieges rund 11 Millionen deutsche Soldaten in alliierte Gefangenschaft.

uns hat es herrlich geschmeckt, und die haben noch mehr, sonst hätte er es gar nicht klauen können. Mit Brot ist es reichlich knapp. Und darum haben wir Pfannkuchen gemacht. Mehl, Wasser und Salz, darunter Schinken in der Pfanne. Das Mehl war auch nicht auf unserem Mist gewachsen. Viermal habe ich jetzt schon Weihnachten im Kriege gefeiert, aber dieses Mal war es das traurigste Fest. Das muss alles nachgeholt werden, wenn der Krieg aus ist, und hoffentlich können wir das nächste Jahr Weihnachten zu Hause feiern.

Wir liegen seit drei Monaten in Stalingrad und sind immer noch nicht weiter. Hier ist ziemlicher Frieden, aber auf der anderen Seite, wo die Steppe ist, wird gekämpft. Die Kameraden in der Steppe sind nicht so gut dran wie wir. Aber sie haben eben Pech gehabt. Vielleicht kommen wir auch noch an die Reihe, denn sie haben viel Verluste. Aber es ist das beste, man denkt gar nicht daran. Und doch denkt man immer wieder daran, wenn man 24 Stunden nichts zu tun hat, als zu dösen, dann ziehen die Gedanken zur Heimat. Habt Ihr am Weihnachtsabend alle an mich gedacht? Ich hatte ein so komisches Gefühl, und das gibt es ja, dass man es merkt, wenn einer an uns denkt.

Entsetzliches Sterben

... Du bist die Frau eines deutschen Offiziers und darum wirst Du, was ich Dir zu sagen habe, aufrecht und standhaft hinnehmen, genau so aufrecht, wie Du an dem Tage auf dem Bahnsteig standest, an dem ich zum Osten fuhr. Ich bin kein Briefschreiber und mehr wie eine Seite lang sind meine Briefe nie gewesen. Heute hätte ich Dir noch vieles zu sagen, aber das hebe ich mir auf bis später. Später, d. h. in sechs Wochen, wenn alles gut geht, und in hundert Jahren, wenn es nicht gut geht. Und damit musst Du rechnen. Geht es gut, dann werden wir lange Zeit davon sprechen können, und warum soll ich dann den Versuch machen, so viel zu schreiben, wie ich gar nicht kann. Geht es nicht gut aus, dann werden die Worte auch nicht viel ausrichten.

Du weisst, wie ich zu Dir stehe, Augusta, über unsere Gefühle haben wir wenig oder gar nicht gesprochen, ich liebe Dich sehr und Du liebst mich und darum sollst Du die Wahr-

heit wissen. Sie steht in diesem Briefe. Die Wahrheit ist das Wissen um den schwersten Kampf in hoffnungsloser Lage. Elend, Hunger, Kälte, Entsagung, Zweifel, Verzweiflung und entsetzliches Sterben. Mehr sage ich darüber nicht. Im Urlaub habe ich auch nicht darüber gesprochen, in meinen Briefen stand nichts darüber. Wenn wir zusammen waren, damit meine ich auch brieflich, waren wir Mann und Frau und der Krieg war eine, wenn auch notwendige, hässliche Begleiterscheinung unseres Lebens.

Die Wahrheit ist aber auch das Wissen, dass dieses Vorstehende kein Jammer und keine Klage ist, sondern eine sachliche Feststellung.

Meine persönliche Schuld an den Dingen ist nicht abzuleugnen. Aber sie steht im Verhältnis wie 1 zu 70 Millionen, das Verhältnis ist klein, aber es ist da. Ich denke nicht daran, mich um die Verantwortung herumzudrücken, und ich argumentiere so, dass ich durch die Hingabe meines Lebens die Schuld beglichen habe. Über Ehrenfragen lässt sich nicht streiten.

Augusta, in der Stunde, in der Du stark sein musst, wirst Du es fühlen. Sei nicht verbittert und leide nicht zu sehr unter meiner Abwesenheit. Ich bin nicht feige, sondern nur traurig, dass ich keinen grösseren Beweis meiner Tapferkeit abgeben kann, als für diese nutzlose Sache, um nicht von Verbrechen zu sprechen, zu sterben. Du kennst den Wahlspruch derer von H... „Schuld erkannt, Schuld gesühnt“.

Vergiss mich nicht so schnell.

Es gibt keine Hoffnung mehr

... Ich habe Dein Bild noch einmal zur Hand genommen und es lange betrachtet. In meiner Erinnerung steht das gemeinsame Erlebnis an dem schönen Sommerabend des letzten Friedensjahres, als wir durch das Blütental unserem Hause zugingen. Als wir uns zum erstenmal fanden, sprach aus uns nur die Stimme der Herzen, später die Stimme der Liebe und die des Glückes. Wir sprachen von uns und von der Zukunft, die wie ein farbenfroher Teppich vor uns lag.

Dieser farbenfrohe Teppich ist nicht mehr. Der Sommerabend ist nicht mehr und auch nicht das Blütental. Und wir sind nicht mehr zusammen. An die Stelle des bunten Teppichs ist ein endloses weisses Feld getreten, es ist kein Sommer mehr, sondern Winter, und es gibt keine Zukunft mehr, wenigstens nicht für mich, damit zwangsläufig auch nicht für Dich. Ich habe die ganze Zeit ein unerklärliches Gefühl gehabt und wusste nicht, was es war, aber heute weiss ich, dass es die Angst um Dich gewesen ist. Ich empfand über die vielen tausend Kilometer, wie Du ähnlich zu mir standest. Wenn Du diesen Brief erhältst, dann lausche tief in ihn hinein, vielleicht hörst Du dann dabei meine Stimme. Man sagt uns, dass unser Kampf für Deutschland sei, aber es sind nur wenige hier, die glauben, dass unserer Heimat das sinnlose Opfer von Nutzen sein könnte.

Bildquellen: „Illustrierte Zeitung“, Verlag von J.J. Weber, Leipzig. Imperial War Museum, London. „Männer und Waffen des deutschen Heeres“, G. Grothe Verlag, Berlin. Lothar Grübelt, Wien. Hans Schaller, Berlin. „Signal“, Deutscher Verlag, Berlin. Rolf Steinberg, Berlin. Süddeutscher Verlag, München. U.S. Army Historical Collection, Washington. U.S. Navy War Photographs, „U.S. Camera“, New York. Archiv Zentner, München. „Zweiter Weltkrieg im Bild“, Burda Verlag, Offenburg. Des Weiteren andere zeitgenössische in- und ausländische Publikationen.

Originalausgabe

Redaktion: Dr. Reinhard Barth, Monika Wiedenmann
DTP: Petra Obermeier
Printed in Portugal
ISBN 3-8118-1208-4